DESIGN GRÁFICO

Blucher

Peter J. Wolf

DESIGN GRÁFICO

Um dicionário visual de termos para um design global

GRAPHIC DESIGN

CONCEPTION GRAPHIQUE

GRAFIKDESIGN

PROGETTAZIONE GRAFICA

DISEÑO GRÁFICO

Os mais relevantes termos de design gráfico em 6 idiomas

| PORTUGUÊS | INGLÊS | FRANCÊS | ALEMÃO | ITALIANO | ESPANHOL |

Revisão técnica:
Luciano Cardinali

Graphic Design, Translated
© 2003 Adobe Systems Incorporated

Design gráfico: um dicionário visual de termos para um design global
© 2011 Editora Edgard Blücher Ltda.

Blucher

Edgard Blücher *Publisher*
Eduardo Blücher *Editor*
Rosemeire Carlos Pinto *Editora de desenvolvimento*

Luciano Cardinali *Revisor técnico*
Vânia Cavalcanti de Almeida *Preparação de texto*
Thiago Carlos dos Santos *Revisão de provas*
Join Bureau *Diagramação*

Rua Pedroso Alvarenga, 1245, 4º andar
04531-012 – São Paulo – SP – Brasil
Tel.: 55 (11) 3078 5366
editora@blucher.com.br
www.blucher.com.br

Segundo Novo Acordo Ortográfico, conforme 5. ed.
do *Vocabulário Ortográfico da Língua Portuguesa*.
Academia Brasileira de Letras, março de 2009.

É proibida a reprodução total ou parcial por
quaisquer meios, sem autorização escrita da Editora.

Todos direitos reservados pela
Editora Edgard Blücher Ltda.

Ficha Catalográfica

Wolf, Peter J.
  Design gráfico: um dicionário visual de termos para um design global / Peter J. Wolf; revisão técnica Luciano Cardinali; [tradução equipe Blucher]. – São Paulo: Blucher, 2011.

  Título original: Graphic design, translated.

  1. Artes gráficas – Dicionários poliglotas 2. Dicionários poliglotas 3. Impressão – Dicionários poliglotas I. Título

10-11685   CDD-741.603

Índice para catálogo sistemático
1. Artes gráficas: Design gráfico:
   Dicionários poliglotas   741.603

Conteúdo

INTRODUÇÃO	8

A

AJUSTE DE TEXTO	14
ALGARISMOS ALINHADOS	14
ALGARISMOS ESTILO ANTIGO	15
ALINHAMENTO	15
ALINHAMENTO À ESQUERDA/ ALINHAMENTO À DIREITA	16
ALINHAMENTO VISUAL	16
ALTURA DAS MAIÚSCULAS	17
ALTURA-DE-X	17
ANIMAÇÃO	18
APÓSTROFO	18
ART DÉCO	19
ART NOUVEAU	19
ARTS AND CRAFTS	20
ASCENDENTE	20
ASPAS	21
ASSIMETRIA	21

B

BANCO DE IMAGENS/FOTOS	22
BANDEIRA/FRANJA	22
BAUHAUS	23
BICROMIA	23
BOLD/NEGRITO	24
BORDA	24
BRANDING	25
BROCHURA SEM COSTURA OU LOMBADA QUADRADA	25
BROMURO	26

C

CADERNO	26
CALHA	27
CALIGRAFIA	27
CAMADA	28
CANAIS	28
CAPITULAR BAIXADA	29
CAPITULAR ELEVADA	29
CAPITULAR INICIAL	30
CARACTERES ESPECIAIS	31
COBERTURA À BASE D'ÁGUA	31
COMPRIMENTO DE LINHA	32
CHAMADA	32
CITAÇÃO	33
CLASSIFICAÇÃO TIPOGRÁFICA	34
CLIP ART	34
COLAGEM	35
COLUNA	35
COMPOSIÇÃO	36
COMPOSIÇÃO TIPOGRÁFICA	36
CMYK	37
COMPOSIÇÃO FOTOGRÁFICA	37
CONSTRUTIVISMO	38
CONTORNO	38
CONTORNO SERRILHADO/ SUAVIZAÇÃO DE CONTORNO SERRILHADO	39
CONTRAFORMA	39
CONTRASTE	40
COR	40
CORES ANÁLOGAS	41
CORES COMPLEMENTARES	41
CORES PRIMÁRIAS	42
CORES SECUNDÁRIAS	42
CORES TERCIÁRIAS	43
CORPO DE TEXTO	43
CORREÇÃO DA COR	44
CORTE A LASER	44
CUBISMO	45
CURVA DE BÉZIER	45

D

DADA	46
DE STIJL	46
DÉGRADÉ	47
DESCENDENTE	47
DESENHO DA LETRA	48
DESENHO VETORIAL	48
DESIGN DE EMBALAGENS	49
DESIGN INTERATIVO	49
DINGBATS	50
DISCO CROMÁTICO	50
DOBRA PARALELA	51
DOBRA SANFONA	51

E

EGÍPCIA	52
ENCADERNAÇÃO	52

ENCADERNAÇÃO DE CAPA DURA	53	**L**	
ENCADERNAÇÃO GRAMPO A		LARGURA	70
CAVALO/LOMBADA CANOA	53	LAYOUT	70
ENTRELETRAS	54	LEGENDA	71
ENTRELINHAS	54	LEGIBILIDADE	71
EQUILÍBRIO	55	LEITURABILIDADE	72
ESCALA	55	LETRA FILETADA	72
ESCALA DE CINZA	56	LETRA GÓTICA	73
ESPAÇO BRANCO	56	LETRAS CAUDAIS	73
ESPAÇO EME	57	LIGADURA	74
ESPAÇO ENE	57	LINHA	74
ESPAÇO NEGATIVO	58	LINHA/FIO/FILETE	75
ESPAÇO POSITIVO	58	LINHA DE BASE	75
		LINHA MÉDIA	76
F		LITOGRAFIA	76
		LITOGRAFIA OFFSET	77
FACA ESPECIAL/CORTE&VINCO	59	LOGO	77
FAMÍLIA TIPOGRÁFICA	59	LUMINOSIDADE	78
FIGURA-FUNDO	60		
FLUXO VISUAL	60		
FOTOMONTAGEM	61	**M**	
FONTE	61	MALA	78
FUTURISMO	62	MANCHETE	79
		MAPA DE BITS	79
G		MARCADOR	80
		MARGEM	80
GRADE	62	MATIZ	81
		MEIO CORTE	81
H		MEIO QUADRATIM	82
HIERARQUIA	63	MEIO TOM	82
HÍFEN	64	METÁFORA	83
H&J	64	MINIATURA	84
HOT STAMPING (ESTAMPA METÁLICA		MODELO DE COR	84
A QUENTE)	65	MODERNISMO	85
		MOIRÉ	85
I		MONOCROMÁTICO	86
ÍCONE	65	MONOESPAÇADA	86
IDENTAÇÃO	66	MULTIMÍDIA	87
IDENTIDADE	66		
IMPOSICIONAMENTO	67	**O**	
IMPRESSÃO SOBREPOSTA	67	OBLÍQUA	87
IMPRESSÃO TIPOGRÁFICA	68	ÓRFÃ	88
ITÁLICO	69		
		P	
K		PÁGINA DUPLA	88
KERNING	69	PÁGINA MESTRE	89

PAGINAÇÃO	89	SISTEMA DE AJUSTE DE COR	106
PÁGINAS ESPELHADAS	90	SOBRESCRITO	106
PÁGINAS FINAIS	91	SUBSCRITO	107
PÁGINAS INICIAIS	91	SUBTÍTULO	107
PAICA	92	SURREALISMO	108
PALETA DE CORES	92		
PICTOGRAMA	93		
PIXEL	93	**T**	
PONTO/TAMANHO DO PONTO	94	TAMANHO DA FOLHA	108
PONTO FOCAL	94	TEXTO CENTRALIZADO	109
PÓS-MODERNISMO	95	TEXTO FALSO	110
PROVA	95	TEXTO JUSTIFICADO	110
		TEXTURA	111
		TINTA	111
Q		TIPO	112
QUADRATIM	96	TIPO CONDENSADO	113
QUADRICROMIA	96	TIPO DE LETRA	113
QUEBRA DE LINHA	97	TIPO EM NEGATIVO/INVERTIDO	114
QUEBRA AUTOMÁTICA DE LINHA	97	TIPO MANUSCRITO	114
		TIPO SEM SERIFAS	115
		TIPOGRAFIA	115
R		TIPOS PARA TÍTULO	116
RECTO/VERSO	98	TIPOS ROMANOS	116
REGISTRO	98	TÍTULO	117
RELEVO SECO	99	*TRACKING*	117
RESMA	99	*TRAPPING*	118
RESOLUÇÃO	100	TRAVESSÃO EME	118
RETÍCULA	100	TRAVESSÃO ENE	119
RGB	101	TUDO EM MAIÚSCULAS	119
RIOS	101		
RITMO	102		
		V	
		VERNIZ	120
S		VERNIZ UV	121
SANGRIA	103	VERSALETES	121
SATURAÇÃO	103	VITORIANO	122
SERIFAS	104	VIÚVA	122
SERIGRAFIA	104		
SÍMBOLO	105		
SIMETRIA	105	ÍNDICE DE TERMOS	123

Introdução

Há séculos o desenho gráfico tem sido usado para celebrar identidades nacionais. Aspectos dos valores de um país e a autoimagem (bem como a sensibilidade do design) são exibidos diariamente em moedas, selos postais e em todos os tipos de documentos oficiais e comunicações.

Tais exemplos são destinados principalmente para o consumo doméstico, porém. Para fazer o *branding* mundial de uma nação, os esforços da comunicação visual ficam concentrados no exterior — e poucas oportunidades se comparam aos Jogos Olímpicos. Seu sofisticado sistema de identidade se torna perenemente associado não apenas a uma época em particular, mas também a um espaço particular. A abordagem altamente sistemática de Otl Aicher para o design gráfico nos Jogos de 1972, em Munique, para dar apenas um exemplo, é considerada por muitos a quintessência do design alemão, refletindo o rico legado da Bauhaus e da Escola Ulm. Mais recentemente, o *branding* dos Jogos de Verão na China, em 2008, apresentou para o resto do mundo uma imagem cuidadosamente trabalhada da nação chinesa, usando os Jogos como uma "festa de lançamento da nova imagem do país"[1].

A história do design gráfico é ainda uma das fronteiras internacionais transcendentes. Durante o século XV, após a invenção da imprensa, ideias sobre tipografia e ilustrações foram filtradas rapidamente da Alemanha para o resto da Europa — ainda em tempo para o Renascimento italiano, um período de grande inovação nas tipografias e design de livros. O design vitoriano do século XIX, uma resposta aos excessos da Revolução Industrial, foi adotado largamente — em especial por publicitários — na Europa e na América. O século XX viu as influências poderosas da Bauhaus e o Estilo Tipográfico Internacional se estender além de suas origens na Europa Ocidental, com um alcance sem precedentes em todo o mundo.

Fronteiras internacionais são definidas não apenas por barreiras geográficas e físicas, mas também pela cultura e pelo idioma. Foram precisamente essas barreiras que o filósofo austríaco Otto Neurath, em parceria com sua esposa Marie Reidemeister e o ilustrador Gerd Arntz, procuraram superar com seu sistema de pictogramas Isotype (International System of Typographic Picture Education). Primeiramente desenvolvido durante os anos de 1920 — a Primeira Guerra Mundial havia posto questões internacionais repentinamente em foco — a meta do Isotype era nada mais que "um mundo de linguagem sem palavras"[2]. O extensivo sistema Isotype, com aproximadamente 4.000 ilustrações creditadas apenas à Arntz, eventualmente

---

[1] Quelch, John. "How Olympics Branding Is Shaping China," 2008. http://blogs.harvardbusiness.org.

[2] Meggs, Philip B. & Purvis, Alston W., *Meggs' History of Graphic Design*. 4ª ed. Hoboken, NJ: John Wiley & Sons, 2006.

Exemplos do extenso sistema de identidade desenvolvido por Otl Aicher para as Olimpíadas de Munique de 1972
Coleção de Joe Miller; Fotografia: Joe Miller

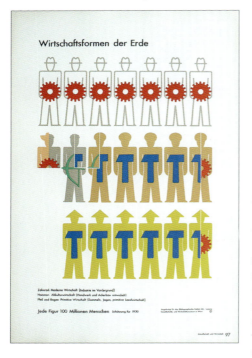

A Economia Mundial da *Gesellschaft* und *Wirtschaft* (Society and Economy), um portfólio de 100 infográficos, de grande tamanho, publicado em 1930
Cortesia de Otto and Marie Neurath Isotype Collection, University of Reading

espalhadas pela Europa para a América do Norte e além — transcendendo barreiras culturais e linguísticas e pavimentando o caminho para a informação gráfica, com a qual os designers e o público em geral estão agora tão familiarizados.

Hoje, é claro, assim como a transcendência é mais fácil do que nunca, equipes internacionais de design rotineiramente colaboram usando um pouco mais do que uma fluida rede de laptops que navegam pela web (muitas vezes, por meio de conexões sem fio cada vez mais onipresentes). E graças aos numerosos aplicativos de mídias sociais que a Internet tem tornado possíveis, a última "grande ideia" em design gráfico fez seu caminho para — e ao redor — do mundo em questão de horas. Portfólios online, acessíveis durante 24 horas, nos sete dias da semana, praticamente de qualquer lugar, tornaram-se ferramentas padrão para promover o trabalho de alguém. Localização não significa mais simplesmente o que costumava significar; numa era de acesso global quase instantâneo a notícias, cultura, artes e outros, o mundo parece muito pequeno.

No mundo plano proposto pelo *best-seller* de Thomas Friedman (2005)[3], a comunicação global, baratíssima e rápida como um relâmpago está crescendo o tempo todo. O email, visto apenas há alguns anos como o pináculo da correspondência do século XXI, está sendo ofuscado atualmente pelo Facebook e pelo Twitter que poderão, da mesma forma, ser ofuscados por alguma surpresa do mundo

---

3 Friedman, Thomas L. *The World Is Flat: A Brief History of the Twenty-first Century*. New York: Farrar, Straus and Giroux, 2005.

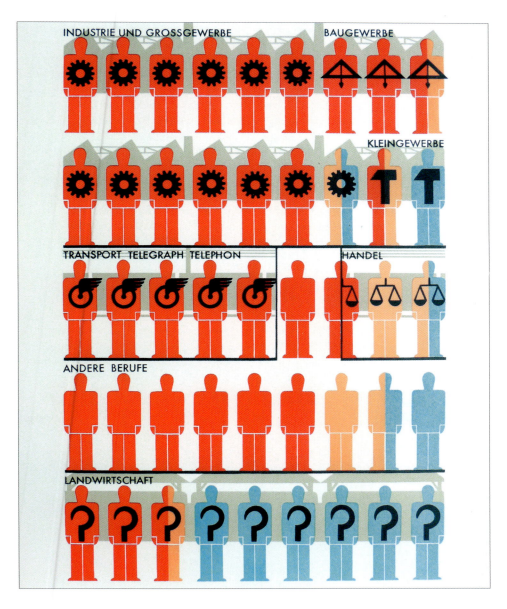

Indústria e Grande Comércio da *Gesellschaft* und *Wirtschaft* (Society and Economy), um portfólio de 100 infográficos, de grande tamanho, publicado em 1930
Coleção de Joe Miller; Fotografia: Joe Miller

globalizado enquanto este texto é redigido. Tudo isso aumenta a nossa dependência da linguagem. Enquanto é verdade que a vida contemporânea é rica em símbolos, ícones e pictogramas em um grau que Neurath pôde apenas ter sonhado — sem mencionar as inúmeras siglas das mensagens instantâneas abreviadas que se tornaram um lugar comum e universal — uma "linguagem mundial sem palavras" permanece fora de alcance.

Design gráfico: um dicionário visual de termos para um design global é uma compilação de mais de duzentos dos mais comuns termos no design de comunicação visual, selecionados a partir de uma ampla gama de categorias: história do design, impressão e papel, tipografia, tecnologia digital e práticas em design. Naturalmente, tal empreendimento nunca pode ser totalmente abrangente. Também não pode entrar em grandes pormenores sobre qualquer assunto. A intenção é prover uma breve introdução — para estudantes, praticantes, clientes e outros — a esses termos que podem não ser familiares, e revisitar outros cujos significados podem ter crescido nebulosamente com o frequente (ou incorreto) uso.

Algumas dessas descrições são diretas. *Linha de base ou altura-de-x*, por

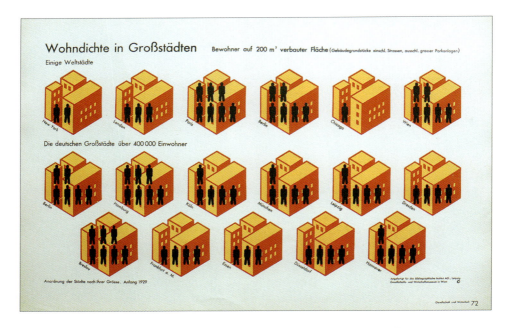

"Moradores em Großstädten" da **Gesellschaft** und **Wirtschaft** (Society and Economy), um portfólio de 100 infográficos, de grande tamanho, publicado em 1930
Cortesia de Otto and Marie Neurath Isotype Collection, University of Reading

exemplo, requerem um pouco mais do que uma simples ilustração e legenda — embora, até aqui, o ponto mais sutil do alinhamento visual deva ser também introduzido para um entendimento abrangente. Outras descrições são necessariamente mais subjetivas, talvez até um pouco filosóficas. Afinal de contas, o que um designer considera "equilibrado" pode, para outro designer, parecer muito seguro — até maçante. E o cliente pode ter um entendimento completamente diferente. Nesse caso, as descrições não se destinam a ser a "palavra final", mas pontos de partida — base comum em que uma conversa deve começar.

Atualmente, tais conversas — entre designers, mas também além da comunidade de design gráfico — ocorrem com frequência cada vez maior e ultrapassam fronteiras tanto reais como virtuais. Há grande valor, portanto, em um livro de referência que pode facilitar as comunicações globais e, justamente por isso, este livro é apresentado em seis idiomas e ilustrado com exemplos do mundo todo. Por tal abordagem, *Design gráfico:* um dicionário visual de termos para um design global dá continuidade à rica tradição do design gráfico que transcende fronteiras internacionais e idiomas.

Anúncio para *Spiele: Otl Aicher's Olympic Graphic Design*, a 2009 exposição no San Francisco Museum of Modern Art, projetado por Joe Miller
Coleção de Joe Miller; Fotografia: Joe Miller

A BCDEFGHIJKLMNOPQRSTUVWXYZ

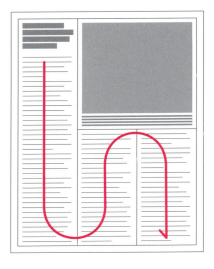

Lining: 0123456789

AJUSTE DE TEXTO

Processo tipográfico de ajuste do **tamanho do ponto** e o **entreletras** de uma **tipografia** de maneira que se encaixe numa área definida ou em um número específico de páginas. Para consegui-lo, podem-se realizar cálculos para a obtenção de resultados aproximados do ajuste ou realizar o processo de maneira interativa, utilizando um software de edição de página até conseguir o ajuste desejado.

In: COPYFITTING
Fr: CALIBRAGE
Ger: TEXTEINPASSUNG
It: AGGIUSTAMENTO DEL TESTO
Es: AJUSTE DEL ORIGINAL

Design: Donna S. Atwood, www.atwooddesign.com

ALGARISMOS ALINHADOS

Conjunto de algarismos com a mesma altura (ou quase) das letras em *caixa alta* de um **tipo de letra**. Quando também são tabulares, ou seja, caracteres com a largura de seus espaços constante e apoiados sobre a linha de base, são especialmente adequados para serem usados em tabelas. Veja: **algarismos estilo antigo**.

In: LINING NUMERALS/FIGURES
Fr: CHIFFRES ARABES
Ger: MAJUSKELZIFFERN
    (TABELLENZIFFERN)
It: NUMERI E LETTERE DI
    ALLINEAMENTO
Es: NÚMERO DE CAJA ALTA

A B C D E F G H I J K L M N O P Q R S T U V W X Y Z

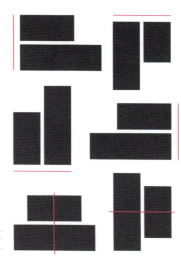

Old-style: 0123456789

ALGARISMOS ESTILO ANTIGO

Conjunto de algarismos de proporções comparáveis às letras em *caixa baixa* de um **tipo de letra**. Igualmente às **versaletes**, os algarismos estilo antigo costumam ser usados dentro de uma linha de texto por serem menos chamativos que os números em caixa alta. Também conhecidos como: algarismos Elzevirianos, algarismos minúsculos e algarismos não alinhados.

In: OLD-STYLE NUMERALS/FIGURES
Fr: CHIFFRES SUSPENDUS
Ger: MEDIÄVALZIFFERN
It: NUMERI E LETTERE IN STILE ANTICO
Es: NÚMEROS ELZEVIRIANOS

ALINHAMENTO

Ajuste dos diferentes elementos do desenho como imagens e **tipos**, e as relações entre uns e outros. Os elementos costumam se alinhar de forma que suas bordas (esquerda, direita, superior e inferior) ou linhas centrais (horizontais e verticais) sigam uma linha de referência comum, que costuma fazer parte da **grade**. O alinhamento também pode se referir ao ajuste de tipos dentro de um bloco tipográfico. Veja: **alinhamento à esquerda/ alinhamento à direita**, **texto centralizado** e **texto justificado**.

In: ALIGNMENT
Fr: ALIGNEMENT
Ger: AXIALITÄT
It: ALLINEAMENTO
Es: ALINEACIÓN

Design: Donna S. Atwood, www.atwooddesign.com

A BCDEFGHIJKLMNOPQRSTUVWXYZ

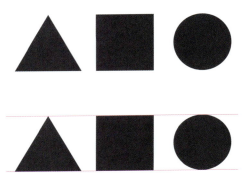

ALINHAMENTO À ESQUERDA/ ALINHAMENTO À DIREITA

Diz-se alinhamento à esquerda quando as linhas sucessivas de um texto começam na mesma linha de referência vertical. Também se chama *alinhamento com franja* ou *bandeira à direita*. Quando as linhas acabam seguindo uma mesma linha de referência vertical, diz-se *alinhamento à direita*, ou *franja à esquerda*.

In: FLUSH-LEFT/FLUSH-RIGHT
Fr: FER À GAUCHE, FER À DROITE
Ger: LINKSBÜNDIG, RECHTSBÜNDIG
It: ALLINEAMENTO A SINISTRA E ALLINEAMENTO A DESTRA
Es: BANDERA A LA IZQUIERDA/BANDERA A LA DERECHA

ALINHAMENTO VISUAL

Alinhamento de **tipos** ou outros elementos de desenho segundo o que pareça corretamente alinhado, sem seguir medidas exatas. Este alinhamento se torna importante quando os elementos que devem ser alinhados têm formas diferentes. Ao alinhar um círculo, um triângulo equilátero e um quadrado da mesma altura na mesma linha horizontal, cria-se uma ilusão óptica: o quadrado parece maior que as outras duas formas, enquanto o círculo parece menor que o quadrado e o triângulo.

In: VISUAL ALIGNMENT
Fr: ALIGNEMENT VISUEL
Ger: OPTISCHE AUSRICHTUNG
It: ALLINEAMENTO VISIVO
Es: ALINEACIÓN VISUAL

A BCDEFGHIJKLMNOPQRSTUVWXYZ

Typography Typography

ALTURA DAS MAIÚSCULAS

Distância da **linha de base** até a borda superior das letras em caixa alta que em alguns tipos, se ajusta pela linha ascendente. A altura das maiúsculas pode ser diferente entre **tipos** do mesmo tamanho de **ponto**. Veja: **versaletes**.

In: CAP HEIGHT
Fr: HAUTEUR DE CAPITALE
Ger: VERSALHÖHE
It: ALTEZZA DELLA MAIUSCOLA
Es: ALTURA DE LAS MAYÚSCULAS

ALTURA-DE-X

Altura das letras em caixa baixa de um **tipo de letra** sem **ascendentes** nem **descendentes**. Mede-se em **pontos** e corresponde à distância entre a **linha de base** e a *linha média*. Nos tamanhos de ponto pequenos, os tipos de letras com altura X alta são mais legíveis que aqueles com uma altura X mais baixa.

In: X-HEIGHT
Fr: HAUTEUR D'X
Ger: X-HÖHE
It: ALTEZZA DELLA X
Es: ALTURA X

A B C D E F G H I J K L M N O P Q R S T U V W X Y Z

’

(Apostrophe)

'

(Typewriter apostrophe)

′

(Prime)

ANIMAÇÃO

Técnica em que uma série de imagens digitais é exposta em uma determinada sequência criando uma sensação de movimento contínuo. Para as animações simples de desenho na web se usam *GIFs* animados, no entanto, animações mais complexas são criadas por meio de aplicações de softwares sofisticados, como o Flash®, da Adobe.

In: ANIMATION
Fr: ANIMATION
Ger: ANIMATION
It: ANIMAZIONE/I
Es: ANIMACIÓN

Design: Donna S. Atwood, www.atwooddesign.com

APÓSTROFO

Sinal diacrítico em forma de vírgula alta, praticamente em desuso na língua portuguesa, exceto para indicar a omissão de uma vogal. Deve-se evitar seu uso por influência do inglês, em construções incorretas em português. Também conhecido por *aspa falsa* e *plica*.

In: APOSTROPHE
Fr: APOSTROPHE
Ger: APOSTROPH
It: APOSTROFO
Es: APÓSTROFO

A BCDEFGHIJKLMNOPQRSTUVWXYZ

ART DÉCO

Estilo que combina as tendências decorativas do **Art Nouveau** com as formas geométricas austeras e a abstração do **Modernismo**. O Art Déco tornou-se famoso durante os anos 1920-1930 nos Estados Unidos e parte da Europa. Estilo que combina uma ampla variedade de influências, incluindo a arte asteca ou o nativo americano, os zigurats egípcios, o **Cubismo** etc., foi muito utilizado na arquitetura, design de interiores e de produtos e também no design gráfico, combinando tipos estilizados com outros em negrito.

In: ART DECO
Fr: ART DÉCO
Ger: ART DÉCO
It: ART DÉCO
Es: ART DECÓ

ART NOUVEAU

Estilo de arquitetura e design muito decorativo que se impôs em boa parte de Europa entre 1880 e os primeiros anos da Primeira Guerra Mundial e também chegou aos Estados Unidos. O Art Nouveau, como seu nome indica, pretendia criar uma nova estética, rejeitando a desordem e o caos da época vitoriana e criando formas orgânicas e curvas. Os principais motivos decorativos eram plantas, animais (especialmente pássaros) e figuras femininas, frequentemente representadas com um nível de abstração muito maior do que os gráficos **vitorianos**.

In: ART NOUVEAU
Fr: ART NOUVEAU
Ger: JUGENDSTIL
It: ART NOUVEAU
Es: ART NOUVEAU

Design: Donna S. Atwood, www.atwooddesign.com

A B C D E F G H I J K L M N O P Q R S T U V W X Y Z

ave nothing in your house that you do not know to be useful or believe to be beautiful.

WILLIAM MORRIS

Typography

ARTS AND CRAFTS

Movimento de reforma iniciado na Inglaterra no final do século XIX como reação à Revolução Industrial e à importância que se dava à produção massificada em detrimento da estética. No design gráfico, o movimento de Arts and Crafts foi definido nos livros de William Morris. Apesar de utilizar iniciais decorativas, *tipografias góticas* e composições densas que remetem aos impressos de séculos anteriores, Morris enfatiza a unificação das atividades de design e produção, criando os pilares para o **Modernismo** do século XX.

In: ARTS AND CRAFTS
Fr: ARTS & CRAFTS
Ger: ARTS AND CRAFTS
It: ARTS AND CRAFTS
Es: ARTS CRAFTS

Design: Donna S. Atwood, www.atwooddesign.com

ASCENDENTE

Parte de uma letra em *caixa baixa* que ultrapassa a **altura-de-x** de um tipo de letra até a *linha ascendente*. O tamanho e peso das ascendentes dependem do tipo de letra: os que têm uma altura X maior geralmente têm ascendentes mais sutis, enquanto aqueles com uma altura X menor costumam ter ascendentes mais vistosas. Veja: **descendente** e **altura-de-x**.

In: ASCENDER
Fr: ASCENDANTE
Ger: OBERLÄNGE
It: TRATTO ASCENDENTE
Es: ASCENDENTE

Design: Donna S. Atwood, www.atwooddesign.com

A BCDEFGHIJKLMNOPQRSTUVWXYZ

"
(Typographic quotes)

"
(Typewriter quotes)

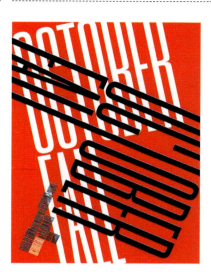

ASPAS

Sinal gráfico em forma de vírgula dupla com diversas funções: pode indicar discurso ou uma citação direta dentro de um bloco de texto, ou pode indicar um uso irônico ou impróprio de uma palavra ou frase. Em português, há dois tipos de aspas: as angulares, de tradição latina («»), mais usadas pelos tipógrafos, e as curvas (" "). Estas são mais empregadas no Brasil e as primeiras, em Portugal. Veja: **apóstrofo**.

In: QUOTATION MARKS
Fr: GUILLEMETS
Ger: ANFÜHRUNGSSTRICHE
It: VIRGOLETTE
Es: COMILLAS

ASSIMETRIA

Organização dos elementos de um layout para que fiquem distribuídos de forma irregular relativamente aos eixos horizontal e vertical. A assimetria também pode criar o **fluxo** de narrativa de uma **página dupla** quando não for espelho uma da outra. Um bom **layout** assimétrico alcança o **equilíbrio** por meio de uma cuidadosa interação entre **espaços positivos e negativos**, e geralmente é mais dinâmico que um layout simétrico. Veja: **simetria** e **fluxo visual**.

In: ASYMMETRY
Fr: ASYMÉTRIE
Ger: ASYMMETRIE
It: ASIMMETRIA
Es: ASIMETRÍA

Design: Mike Joyce, Stereotype Design, www.stereotype-design.com

A **B** C D E F G H I J K L M N O P Q R S T U V W X Y Z

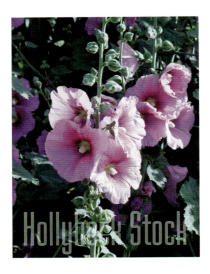

That is the great American story: young people just like you, following their passions, determined to meet the times on their own terms. They weren't doing it for the money. Their titles weren't fancy: ex-slave, minister, student, citizen. But they changed the course of history — and so can you.

BANCO DE IMAGENS/FOTOS

Imagens e fotografias disponíveis para utilização mediante um acordo de licença. Algumas vezes, o uso de imagens é mais barato que a contratação de um fotógrafo, ainda que se perca o controle criativo. É importante que tanto o designer quanto o cliente saibam que não há garantia de que uma imagem de banco de imagens já não tenha sido usada anteriormente, pois não há um acordo de exclusividade. Atualmente, existem muitas coleções online de busca fácil, pagamento e download.

In: STOCK PHOTOGRAPHY/IMAGES
Fr: BANQUE D'IMAGES
Ger: STOCK FOTOS (BILDARCHIV)
It: BANCA IMMAGINI
Es: BANCO DE IMÁGENES
    Y FOTOGRAFÍAS

Design: Donna S. Atwood, www.atwooddesign.com

BANDEIRA/FRANJA

Forma irregular que se cria entre um bloco do texto e a margem adjacente como resultado de **comprimento de linha** diferentes, criando a imagem de uma bandeira. Na franja à esquerda, o mastro da bandeira fica à direita. **Textos justificados** não formam franjas ou bandeiras. Para assegurar uma boa **legibilidade**, tipógrafos e designers tentam criar bandeiras aleatórias, evitando distrações visuais causadas por franjas muito geométricas ou com ritmo muito marcado.

In: RAG
Fr: DRAPEAU
Ger: FLATTERSATZ
It: BANDIERA
Es: BANDERA

A **B** C D E F G H I J K L M N O P Q R S T U V W X Y Z

BAUHAUS

BICROMIA

Escola de arte, arquitetura e design muito influente que teve atividades na Alemanha de 1919 até 1933. A Bauhaus dava uma grande importância à funcionalidade, por isso seu design gráfico tinha como característica principal a geometria e a ausência de enfeites. Os **layouts** eram compostos, quase que exclusivamente, com tipografias **sem serifas**, organizadas geralmente com **linhas** grossas e **grades** muito rígidas, fotografias e fotomontagens. Na **paleta de cores** da Bauhaus prevaleciam o branco, o preto e o cinza, ainda que usasse **cores primárias** como ênfase.

In: BAUHAUS
Fr: BAUHAUS
Ger: BAUHAUS
It: BAUHAUS
Es: BAUHAUS

Imagem na **escala de cinza** impressa usando duas **cores** de tinta em vez de só uma. Podem-se usar duas tintas que não sejam pretas, ainda que a preta seja a tinta principal. Se usado o preto como tinta principal e um tom cinza como secundária, o resultado é uma variação do tom que se aproxima ao efeito de uma fotografia em branco e preto. Se usada uma cor não neutra como tinta secundária, ou duas cores não neutras, alcançam-se efeitos visuais muito interessantes, alguns sutis e outros mais radicais. **Tricromia** é uma imagem em escala de cinza impressa com três cores de tinta.

In: DUOTONE
Fr: SIMILI DEUX TONS
Ger: DUPLEX
It: BICROMIA
Es: BITONO

Design: Timothy Samara, tsamara_designer@hotmail.com

A **B** C D E F G H I J K L M N O P Q R S T U V W X Y Z

Garamond

Garamond Bold

Trajan

Trajan Bold

BOLD/NEGRITO

Tipografia em que as **letras** têm *traços mais grossos* que a versão normal da mesma tipografia. As aplicações de autoedição dos softwares de editoração costumam oferecer uma ferramenta que "simula" o negrito, fazendo mais grosso o traço do tipo que está sendo usando. O tipo negrito real é desenhado para que seja proporcional ao resto dos "membros" da mesma família tipográfica, resultando uma aparência de "familiaridade" maior na impressão.

In: BOLD/BOLDFACE
Fr: GRAS, CARACTÈRES GRAS
Ger: FETT (SCHRIFTEN)
It: GRASSETTO
Es: NEGRITA

BORDA

Moldura de uma fotografia, ilustração, bloco de texto ou qualquer outro elemento de design que cria uma transição entre o elemento em questão e o resto do **layout**. As molduras podem ser simples, como um retângulo ou círculo de traço fino, ou muito enfeitadas. As mais grossas ou detalhadas tendem a desviar a atenção da imagem que rodeiam, enquanto as molduras mais leves a destacam.

In: BORDER
Fr: BORDURE
Ger: RAHMEN
It: BORDO/I
Es: BORDE

Direção de Arte/Design: Gaby Brink, www.tomorrowpartners.com, e Joel Templin, Hatch Design, www.hatchsf.com

A **B** C D E F G H I J K L M N O P Q R S T U V W X Y Z

BRANDING

Diferenciação estratégica de uma oferta (produto, serviço, interação, experiência etc.) relativa à de seus concorrentes. Em termos visuais, a primeira impressão da empresa geralmente é a **marca** ou o *logotipo* que se usa para fixar a *promessa da marca*: o conjunto de expectativas associadas a uma oferta. Uma *identidade de marca* eficiente implica, entre outras coisas, uma linguagem visual de conjunto compreensível e coerente (logo, **tipo de letra**, **paleta de cores** e outros sinais visuais). As estratégias de marca contemporâneas vão além da publicidade tradicional na imprensa e televisão para chegar aos portais da web, blogs e novas mídias sociais emergentes.

In: BRANDING
Fr: STRATÉGIE DE MARQUE
Ger: MARKENBILDUNG
It: BRANDING
Es: BRANDING

Direção de Criação: Peter Shikany; **Design:** Marc Simpson, Judy Smith; **Ilustração:** Jeff Jones; **Empresa:** P.S. Studios, www.psstudios.com

BROCHURA SEM COSTURA OU LOMBADA QUADRADA

Tipo de **encadernação** permanente utilizado para livros do tipo brochura, nos quais **cadernos** são *agrupados* (de maneira sequencial), serrilhadas as beiradas por onde serão encadernadas — a lombada — que é colada à capa, de folha única, com um adesivo flexível.

In: PERFECT BINDING
Fr: RELIURE SANS COUTURE
Ger: KLEBEBINDUNG
It: RILEGATURA PERFETTA
Es: ENCUADERNACIÓN A LA AMERICANA

A B C D E F G H I J K L M N O P Q R S T U V W X Y Z

BROMURO

CADERNO

Imagem de baixa qualidade, uma versão da imagem com menor resolução, que serve como marcador de posição em um **layout**. As imagens são marcadas como bromuro para que toda a equipe de design conheça sua função.

Conjunto de páginas impressas por ambos os lados de uma folha grande de papel que, depois de dobrada e cortada, seguirá a ordem e a sequência corretas para **encadernação**. Veja**: imposicionamento**.

In: FOR POSITION ONLY (FPO)
Fr: IMAGE DE PLACEMENT
Ger: PLATZHALTER
It: FOR POSITION ONLY (FPO)
Es: FPO (SÓLO PARA REFERERENCIA DE POSICIÓN)

In: SIGNATURE
Fr: CAHIER
Ger: BOGENMONTAGE
It: SEGNATURA
Es: PLIEGO

Design: Donna S. Atwood, www.atwooddesign.com

A B **C** D E F G H I J K L M N O P Q R S T U V W X Y Z

CALHA

Espaço entre duas **colunas** de texto ou entre pares de colunas de um **layout**. Também é o espaço estreito de uma página próxima à borda da **encadernação** ou à área na qual se unem as duas margens de uma página dupla.

In: GUTTER
Fr: GOUTTIÈRE
Ger: SPALTENABSTAND
It: MARGINE INTERNO
Es: MEDIANIL

Design: Donna S. Atwood, www.atwooddesign.com

CALIGRAFIA

Palavra derivada do grego (*kalli* e *graphos*) que significa "escrita bela". É uma forma artística de escrita manual, efetuada normalmente com ferramentas tradicionais como uma pena ou um pincel. Distingue-se pela fluidez de suas letras, de traços de espessura variável.

In: CALLIGRAPHY
Fr: CALLIGRAPHIE
Ger: KALLIGRAPHIE
     (SCHÖNSCHREIBKUNST)
It: CALLIGRAFIA
Es: CALIGRAFÍA

Design: Teri Kahan, Richard Stumpf;
Empresa: Teri Kahan Design,
www.terikahandesign.com

A B **C** D E F G H I J K L M N O P Q R S T U V W X Y Z

CAMADA

Recurso presente nos softwares de edição de imagens digitais que trata diferentes elementos do desenho como se existissem em folhas transparentes independentes, permitindo a edição, combinação e manipulação de partes de uma imagem sem comprometer as outras. A imagem final é o resultado da disposição de camadas uma em cima da outra em uma ordem determinada.

In: LAYER
Fr: CALQUE
Ger: EBENE
It: LIVELLO
Es: CAPA

Design: Donna S. Atwood, www.atwooddesign.com

CANAIS

Informação digital correspondente às quantidades relativas das três (para **RGB**) ou quatro (para **CMYK**) **cores primárias** usadas para representar imagens coloridas. Cada canal é como uma imagem na **escala de cinza**, na qual os valores de cinza são substituídos pelos valores de uma cor primária única. Cria-se a imagem em cor, tanto na tela como impressa, graças à combinação de todos os canais de um **modelo de cor** determinado.

In: CHANNELS
Fr: CANAUX
Ger: FARBKANÄLE
It: CANALI
Es: CANAL

Design: Donna S. Atwood, www.atwooddesign.com

A B **C** D E F G H I J K L M N O P Q R S T U V W X Y Z

Drop caps provide a paragraph with a dramatic entrance, and indicate to the reader the beginning of a new section of text.

Standing caps serve the same purpose as drop caps — indicating the beginning of a new section of text — but extend upward rather than downward.

CAPITULAR BAIXADA

Letra em *caixa alta* usada como inicial da primeira palavra num parágrafo, composta em um **tamanho de ponto** maior que o restante das letras, de maneira que se estende no texto situado abaixo. Para criar um impacto maior, a capitular baixada pode ser de um **tipo** diferente do que se usa no **corpo do texto**. É determinada pelas linhas de texto que podem ocupar. Por exemplo, uma capitular baixada em três linhas ocupa a primeira, a segunda e a terceira linhas de um parágrafo.

In: DROP CAPITAL/CAP
Fr: LETTRINE
Ger: HÄNGENDE INITIALE
It: CAPOLETTERA
Es: MAYÚSCULA CAÍDA

CAPITULAR ELEVADA

Letra em *caixa alta* usada como inicial da primeira palavra de um parágrafo, estabelecida em um **tamanho de ponto** maior que o restante do tipo, porém sobre a mesma **linha de base**. Para distingui-la ainda mais, pode-se escrever em um **tipo de letra** diferente do resto do **corpo de texto**.

In: STANDING CAPITAL/CAP
Fr: GRANDE CAPITALE
Ger: STEHENDE INITIALE
It: STANDING CAP
Es: CAPITULAR

CAPITULAR INICIAL

Letra maiúscula, muitas vezes de caráter decorativo, usada no início da primeira palavra de um parágrafo, sempre composta em um corpo maior que o restante do texto. Capitulares ou maiúsculas iniciais podem ser de um tipo diferente e/ou impressa em uma cor diferente para criar um atrativo visual. Dentre as muitas variações geralmente usadas estão as **capitulares baixadas** e as **capitulares elevadas**. Capitulares iniciais com ornamentos ou caudais devem ser usadas com cautela, mesmo em publicações longas.

In: INITIAL CAPITAL/CAP
Fr: INITIALE
Ger: INITIALE
It: LETTERA MAIUSCOLA INIZIALE
Es: MAYÚSCULA INICIAL

Design: Peter Shikany, Judy Smith;
Empresa: P.S. Studios, www.psstudios.com

A B C **C** D E F G H I J K L M N O P Q R S T U V W X Y Z

ABCDEFGHIJKLMNOPQRSTUVWXYZ
0123456789 ⅛ ¼ ⅜ ½ ⅝ ¾ ⅞ ⅓ ⅔
ff fi ffi fl ffl fj & ABCDEFGHIJ
LMNOPQRSTUVWXYZ

CARACTERES ESPECIAIS

Conjunto de caracteres tipográficos não comuns, como **versaletes, algarismos estilo antigo, ligaduras** etc., de uma **tipografia** específica. Esses caracteres especiais, indispensáveis para uma **tipografia** elegante, costumavam ser vendidos separados das fontes básicas, mas atualmente estão incluídos nas fontes digitais *OpenType*. Também denominados *fontes alternativas*.

In: EXPERT SET
Fr: CARACTÈRES ÉTENDUS
Ger: EXPERTENSATZ
It: EXPERT SET
Es: SET EXPERTO

COBERTURA À BASE D'ÁGUA

Revestimento de base aquosa aplicada a uma folha de papel em sua totalidade, após a impressão, para produzir um brilho geral (brilhante ou fosco) e proteger a impressão contra umidade e riscos. Os papéis sem revestimento absorvem a tinta, pela qual o aspecto das imagens impressas fica esfumaçado, enquanto os papéis com revestimento impedem a sua absorção, permitindo que as imagens permaneçam nítidas. Os revestimentos aquosos são feitos principalmente naqueles materiais de impressão de maior uso, como as revistas ou folhetos. Existem outros tipos de revestimento, como os **vernizes**.

In: AQUEOUS COATING
Fr: PELLICULAGE AQUEUX
Ger: DRUCKLACK
It: RIVESTIMENTO AD ACQUA
Es: REVESTIMENTO ACUOSO

A B **C** D E F G H I J K L M N O P Q R S T U V W X Y Z

COMPRIMENTO DE LINHA

Distância de um extremo ao outro de uma linha de **texto**. Confunde-se frequentemente com a **largura** da **coluna**. Quando se alinha um texto à esquerda, por exemplo, as linhas de tipos raramente preenchem toda a largura da coluna. Acontece o mesmo com **alinhamentos à direita** ou **tipos centralizados**. O único caso no qual a longitude de linha corresponde à largura da linha é quando se usam **tipos justificados**.

In: LINE LENGTH
Fr: LONGUEUR DE LIGNE
Ger: ZEILENLÄNGE
It: LUNGHEZZA DI RIGA
Es: LONGITUD DE LÍNEA

CHAMADA

Texto breve, geralmente acompanhado por uma **linha** ou seta, que se utiliza como indicação de diferentes partes de uma fotografia, ilustração ou material gráfico de uma edição. Uma chamada também é aquela porção de texto que se tira do conteúdo principal, à qual se dá um tratamento especial para distingui-la do restante do texto (mudança de tipo de letra, cor, tamanho etc.). Veja: **legenda** e **citação**.

In: CALLOUT
Fr: CHIFFRES RÉFÉRENCES
Ger: HINWEIS
It: CALLOUT
Es: LLAMADA

Direção de Criação/Design: Michael Ulrich, *STEP Inside Design*, v. 24, n. 3

CITAÇÃO

Citação extraída de um artigo ou texto, colocada fora do seu contexto original (embora normalmente na mesma página) e diagramada para atrair a atenção do leitor. Geralmente são compostas em um **tipo de letra** maior ou até mesmo diferente do usado no **corpo de texto**. Pode-se diferenciá-la ainda mais por meio da **cor**, enfeites, **bordas** etc.

In:	PULL QUOTE
Fr:	EXERGUE
Ger:	HERVORGEHOBENES ZITAT
It:	CITAZIONE ESTERNA
Es:	SUMARIO

Design: Firebelly Design, www.firebellydesign.com

A B **C** D E F G H I J K L M N O P Q R S T U V W X Y Z

Bernhard Modern Std
(Serif)

Eurostile
(Sans serif)

Edwardian Script
(Script)

Blackmoor
(Blackletter)

CLASSIFICAÇÃO TIPOGRÁFICA

Qualquer um dos sistemas de classificação de **tipos** segundo as características visuais que compartilham, como a presença ou ausência de **serifas**, a semelhança com a escrita à mão etc. Essas classificações devem ser entendidas como generalizações muito amplas e não como definições estritas, já que muitos tipos de letras podem entrar em mais de uma classificação.

In: TYPE CLASSIFICATION
Fr: CLASSIFICATION TYPOGRAPHIQUE
Ger: SCHRIFTKLASSIFIKATION
It: CLASSIFICAZIONE DEI CARATTERI
Es: CLASIFICACIÓN TIPOGRÁFICA

CLIP ART

Ilustrações disponíveis tanto no formato digital como impressas, para uso em **layouts** gráficos. Muito popular devido à disponibilidade, variedade e liberdade de *copyright*. Veja: **banco de imagens/fotos**.

In: CLIP ART
Fr: CLIPART
Ger: CLIPART
It: CLIP ART
Es: CLIP ART

Cortesia de Dover Publications, Inc.,
www.doverpublications.com

A B **C** D E F G H I J K L M N O P Q R S T U V W X Y Z

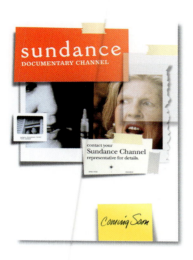

COLAGEM

Técnica de criação de material gráfico original mediante a mescla de papéis, tecidos, fotografias etc., em uma prancha de cartão ou tela. O nome provém do francês *coller*, que significa "colar". Também é possível fazer *collages* digitais colando elementos digitais, como imagens escaneadas de objetos texturizados ou tridimensionais. Veja: **fotomontagem**.

In: COLLAGE
Fr: COLLAGE
Ger: KOLLAGE
It: COLLAGE
Es: COLLAGE

Design: Sean Adams;
Empresa: AdamsMorioka, www.adamsmorioka.com

COLUNA

Áreas de uma página de **layout** nas quais se colocam os textos. As colunas costumam formar a base da **grade** de um layout. Em layouts com muito texto usam-se duas ou mais colunas. As mais usadas são as altas e retangulares, embora existam muitos estilos.

In: COLUMN
Fr: COLONNE
Ger: SATZSPALTE
It: COLONNE
Es: COLUMNA

Direção de Criação: Vince Frost;
Empresa: Frost Design, www.frostdesign.com.au

A B **C** D E F G H I J K L M N O P Q R S T U V W X Y Z

COMPOSIÇÃO

Termo genérico que descreve a organização dos elementos de um **layout**, cuja efetividade se expressa em termos abstratos, como **equilíbrio**, **contraste**, *fluidez* etc. Também pode referir-se à edição de vários elementos.

In: COMPOSITION
Fr: COMPOSITION
Ger: KOMPOSITION
It: COMPOSIZIONE
Es: COMPOSICIÓN

Design: Timothy Samara,
tsamara_designer@hotmail.com

COMPOSIÇÃO TIPOGRÁFICA

Disposição dos caracteres para serem impressos ou lidos na tela. Durante séculos, a composição se realizava com **tipos** metálicos ou de madeira usados em prensas tipográficas. A máquina da Linotype, que apareceu em 1886, aumentou a eficácia da composição de tipos metálicos fundindo "linhas de tipos". A fotocomposição ou fotoletras, uma técnica em que as **fontes** mudaram dos tipos metálicos para filme fotográfico, tornou-se a principal forma de composição tipográfica durante a década de 1960 e até a de 1980, quando começaram a ser usados tipos digitais.

In: TYPESETTING
Fr: COMPOSITION TYPOGRAPHIQUE
Ger: SETZEN
It: COMPOSIZIONE TIPOGRAFICA
Es: COMPOSICIÓN TIPOGRÁFICA

Design: Lauren Hecht, www.laurenhecht.com

A B **C** D E F G H I J K L M N O P Q R S T U V W X Y Z

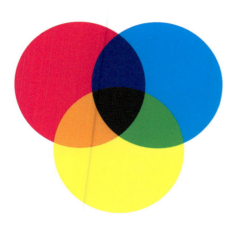

CMYK

Sigla inglesa que corresponde a ciano, magenta, amarelo e preto, as cores de tinta usadas para a **quadricromia**. Quando se combinam em pares, as cores *primárias subtrativas* ciano, magenta e amarelo, reproduzem as cores *primárias aditivas* vermelho, verde e azul que correspondem aos três tipos diferentes dos receptores da luz no olho humano. Em teoria, as três cores primárias subtrativas se combinam para produzir a cor preta. No entanto, na prática, o resultado dessa combinação não é suficientemente rico para produzir uma gama completa de tons de impressão da cor. Por isso, o preto puro se acrescenta separadamente. Também denominadas *cores de processo*.

In: CMYK
Fr: CMJN
Ger: CMYK
It: CMYK
Es: CMYK

Design: Kate Benjamin, www.moderncat.net

COMPOSIÇÃO FOTOGRÁFICA

Imagem criada pela combinação de outras imagens ou elementos de outras imagens. Diferentemente da **colagem**, que faz referência a uma obra de arte, ou da **fotomontagem**, que é unicamente uma combinação de elementos fotográficos, a *composição fotográfica* refere-se a uma única fotografia ou ilustração dentro de uma obra criativa maior.

In: COMPOSITE
Fr: IMAGE COMPOSITE
Ger: BILDMONTAGE (COMPOSING)
It: COMPOSITE
Es: FOTOCOMPOSICIÓN

A B **C** D E F G H I J K L M N O P Q R S T U V W X Y Z

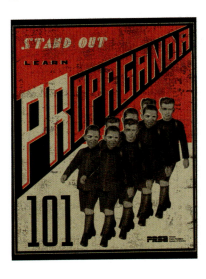

CONSTRUTIVISMO

Movimento artístico russo dos anos 1920 que integrava a arte e design de vanguarda (especialmente elementos do **Cubismo** e do **Futurismo**) com as tendências políticas revolucionárias. Suas principais características visuais eram as formas geométricas e abstratas, tipos em negrito, **composições** que rompiam com as convenções horizontal/vertical e uma **paleta de cores** que limitada ao vermelho, preto e branco. Também utilizaram-se das técnicas de **colagem** e a **fotomotagem**, tomadas do **Dada**, para criar um vigoroso design de comunicação visual.

In: CONSTRUCTIVISM
Fr: CONSTRUCTIVISME
Ger: KONSTRUKTIVISMUS
It: COSTRUTTIVISMO
Es: CONSTRUTIVISMO

Direção de Arte: Tracy Holdeman;
Design: Lea Carmichael;
Empresa: Insight Design Communications, www.insightdesign.com

CONTORNO

Série de **curvas de Bézier** ou *vetores*, usados por alguns softwares de design gráfico para descrever as formas de vários elementos de design, incluindo os **tipos**. Por serem vetores, os traçados podem ser muito maiores sem afetar a resolução final. Os traçados definidos pelo usuário costumam ser usados para "recortar" uma parte de uma foto original e colocá-la em outra, como quando se adiciona a imagem de uma pessoa a uma foto com o Adobe Photoshop®.

In: PATH
Fr: CHEMIN
Ger: PFAD
It: PERCORSO/I
Es: TRAZADO

Design: Donna S. Atwood, www.atwooddesign.com

A B **C** D E F G H I J K L M N O P Q R S T U V W X Y Z

g g

Typography

CONTORNO SERRILHADO/SUAVIZAÇÃO DE CONTORNO SERRILHADO

A *pixelização* em imagens ocorre quando a **resolução** de uma imagem de **mapa de bits** é menor que a do dispositivo usado para sua visualização ou impressão. Uma imagem com uma resolução de 72 *amostras por polegada* (spi), por exemplo, mostrará o apecto evidente dos pixels quando impressa em 300 *pontos por polegada* (ppp/dpi), o que produzirá um efeito serrilhado. A suavização de contorno serrilhado é a técnica usada pelos softwares de edição de imagem digital para minimizar a distorção gerada pela *pixelização*. Isso se consegue esfumaçando ligeiramente a imagem, suavizando os contornos cortantes como os degraus de escada. Ainda que se perca alguma qualidade nesse processo, é preferível ao aspecto irregular dos pixels. Veja: **resolução**.

In: ALIASING/ANTI-ALIASING
Fr: CRÉNELAGE, ANTICRÉNELAGE
Ger: ALIAS EFFEKT, ANTIALIASING
It: ALIASING/ANTI-ALIASING
Es: SOLAPAMIENTO/ANTISOLAPAMIENTO

Design: Donna S. Atwood, www.atwooddesign.com

CONTRAFORMA

Também chamado de miolo, é o espaço interno em uma letra. Pode ser totalmente fechado, como na letra *o*, ou somente em parte, como na letra *c*. Às vezes, este termo pode ser utilizado para indicar o espaço formado entre duas letras adjacentes. Veja: **espaço negativo**.

In: COUNTER
Fr: CONTREPOINÇON
Ger: PUNZE
It: OCCHIELLO
Es: CONTRAFORMA

A B **C** D E F G H I J K L M N O P Q R S T U V W X Y Z

CONTRASTE

Diferença entre dois elementos de um design. Um **tipo** grande, por exemplo, pode ser utilizado para contrastar com um tipo de menor tamanho, obtendo um maior contraste à medida em que maior for a diferença de tamanhos. Utilizado adequadamente, o contraste pode criar **layouts** muito interessantes. Para criar contraste, podem-se utilizar elementos como a **textura**, a **cor**, a forma e a espessura de linhas, entre outros. Veja: **equilíbrio**, **cores complementares** e **figura-fundo**.

In: CONTRAST
Fr: CONTRASTE
Ger: KONTRAST
It: CONTRASTO
Es: CONTRASTE

Design: Noreen Morioka;
Empresa: AdamsMorioka, www.adamsmorioka.com

COR

Variedade do comprimento de onda de luz que o olho humano percebe. A cor dos objetos é percebida segundo a sua capacidade de absorver, refletir ou transmitir diferentes comprimentos de onda. As três propriedades básicas da cor são o **matiz**, a **saturação** (ou **croma**) e o **brilho** (**valor** ou *tom*). Os tipógrafos também chamam *cor* a claridade ou escuridão geral de uma página de tipos, ou a de um parágrafo em relação com outro. Veja: **disco cromático**.

In: COLOR
Fr: COULEUR
Ger: FARBE
It: COLORE/I
Es: COLOR

Design: Hayes Henderson;
Ilustração: Henderson, William Hackley;
Empresa: HendersonBromsteadArt, www.hendersonbromsteadart.com

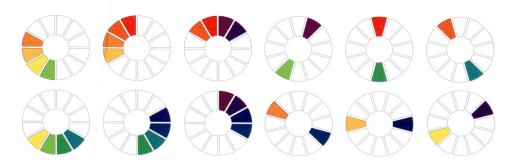

CORES ANÁLOGAS

Duas ou mais **cores** adjacentes na roda cromática (por exemplo, verde, amarelo-esverdeado e amarelo). O uso de duas ou três cores análogas proporciona um design de aparência harmoniosa.

In: ANALOGOUS COLORS
Fr: COULEURS ANALOGUES
Ger: ANALOGE FARBEN
It: COLORI ANALOGHI
Es: COLORES ANÁLOGOS

Design: Donna S. Atwood, www.atwooddesign.com

CORES COMPLEMENTARES

Cores opostas no **disco cromático**, como o vermelho e verde no disco cromático tradicional. Também denominadas *cores contrastadas*. A combinação de cores complementares em um design pode chegar a ser cansativa. Normalmente, faz-se uma divisão do esquema complementar, combinando uma cor com as que margeiam a sua complementar dentro do círculo. Veja**: CMYK** e **quadricromia**.

In: COMPLEMENTARY COLORS
Fr: COULEURS COMPLÉMENTAIRES
Ger: KOMPLEMENTÄRFARBEN
It: COLORI COMPLEMENTARI
Es: COLORES COMPLEMENTARIOS

Design: Donna S. Atwood, www.atwooddesign.com

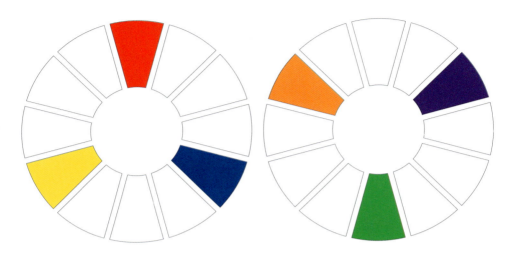

CORES PRIMÁRIAS

Cores que formam pontos-chaves de referência em um **disco cromático**, distribuídas proporcionalmente sobre uma circunferência. No disco cromático tradicional, utilizado para a mescla de pigmentos, as primárias são o vermelho, o azul e o amarelo. Outras rodas cromáticas baseiam-se nas *cores primárias subtrativas*: ciano, magenta e amarelo; ou nas *cores primárias aditivas*: vermelho, verde e azul. Veja: **CMYK** e **RGB**.

In: PRIMARY COLORS
Fr: COULEURS PRIMAIRES
Ger: PRIMÄRFARBEN
It: COLORI PRIMARI
Es: COLORES PRIMARIOS

Design: Donna S. Atwood, www.atwooddesign.com

CORES SECUNDÁRIAS

Cores (laranja, roxo ou verde) criadas pela combinação de partes iguais de duas **cores primárias**. A cor laranja, por exemplo, é criada mesclando partes iguais de amarelo e vermelho. Veja: **disco cromático** e **cores terciárias**.

In: SECONDARY COLORS
Fr: COULEURS SECONDAIRES
Ger: SEKUNDÄRFARBEN
It: COLORI SECONDARI
Es: COLORES SECUNDARIOS

Design: Donna S. Atwood, www.atwooddesign.com

A B **C** D E F G H I J K L M N O P Q R S T U V W X Y Z

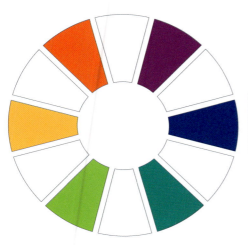

CORES TERCIÁRIAS

Cores criadas pela combinação de uma **cor primária** e outra **secundária**. O vermelho-alaranjado, por exemplo, é o resultado da combinação do vermelho (cor primária) e o laranja (cor secundária criada pela combinação equitativa das primárias vermelho e amarelo). Veja: **disco cromático**.

In:	TERTIARY COLORS
Fr:	COULEURS TERTIAIRES
Ger:	TERTIÄRFARBEN
It:	COLORI TERZIARI
Es:	COLORES TERCIARIOS

Design: Donna S. Atwood, www.atwooddesign.com

CORPO DE TEXTO

Termo tradicionalmente utilizado para denominar o texto principal de um livro, folheto ou outra publicação. Nesse sentido, o corpo do texto exclui as páginas preliminares, as referenciais, os títulos, as manchetes e os **subtítulos** etc. Também pode se referir ao texto principal de um site.

In:	BODY COPY
Fr:	CORPS DU TEXTE
Ger:	FLIESSTEXT
It:	CORPO DEL TESTO
Es:	CUERPO DE TEXTO

Design: Donna S. Atwood, www.atwooddesign.com

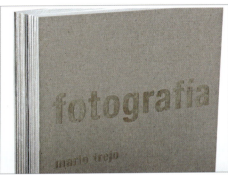

CORREÇÃO DA COR

Processo de modificação da **cor** em uma fotografia digital ou em uma imagem escaneada para conseguir uma representação mais precisa do original ou para ajustar a gama de cor (ou *gamut*) da tecnologia de impressão empregada.

In: COLOR CORRECTION
Fr: CORRECTION DES COULEURS
Ger: FARBKORREKTUR
It: CORREZIONE DEI COLORI
Es: CORRECCIÓN DE COLOR

Design: Donna S. Atwood, www.atwooddesign.com

CORTE A LASER

Processo de corte de papel, madeira, plástico e alguns metais mediante um laser de alta potência dirigido por computador. É um tipo de corte muito preciso, proporcionando um nível de detalhe maior do que o por corte convencional por faca. Além disso, como não requer o uso de peças metálicas para o corte (facas), para os pequenos processos de produção, resulta mais econômico e conveniente que o corte por faca especial. Entretanto, o custo pode aumentar consideravelmente em trabalhos de corte com grande detalhamento ou quando se trabalha com materiais difíceis, como os que se desfazem ou se queimam com facilidade, os muito grossos etc.

In: LASER CUT
Fr: DÉCOUPE AU LASER
Ger: LASERSCHNITT
It: TAGLIO AL LASER
Es: CORTE LÁSER

Design/Fotografia: Mario Trejo, www.mariotrejo.com

CROMA
Veja: **saturação**.

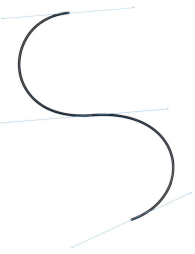

CUBISMO

Movimento artístico europeu de vanguarda do começo do século XX (entre 1907 e 1920), no qual os objetos, incluindo a figura humana, eram frequentemente sintetizados em formas geométricas. Apresentavam-se perspectivas múltiplas de forma simultânea e o tridimensional era reduzido ao bidimensional, desafiando as leis da perspectiva vigentes desde o Renascimento. Graças à sua influência, o design gráfico começou a experimentar a **composição** espacial e a abstração geométrica.

In: CUBISM
Fr: CUBISME
Ger: KUBISMUS
It: CUBISMO
Es: CUBISMO

Design: Cristiano Siqueira Ilustração & Design, www.crisvector.com

CURVA DE BÉZIER

Aproximação matemática a uma curva contínua, definida por seus dois pontos de ancoragem (uma a cada extremo) e qualquer número de pontos de controle ao longo dela. Os traçados utilizados pela maioria das aplicações de software de design gráfico são formados por múltiplas curvas de Bézier, razão pela qual podem ampliar-se indefinidamente. As curvas de Bézier também podem ser usadas como ferramentas de controle de movimento para a animação.

In: BÉZIER CURVE
Fr: COURBE DE BÉZIER
Ger: BÉZIERKURVE
It: CURVA DI BÉZIER
Es: CURVA DE BÉZIER

Design: Donna S. Atwood, www.atwooddesign.com

A B C **D** E F G H I J K L M N O P Q R S T U V W X Y Z

DADA

Movimento artístico nascido para se contrapor à Primeira Guerra Mundial. Foi iniciado em Zurique, na Suíça, e depois se expandiu para o resto da Europa. O Dada questionava muitas crenças tradicionais sobre a arte, a moralidade e a religião, por meio de uma estética provocativa e inclusive absurda (na Alemanha, o dadaísmo adquiriu um tom mais sombrio e politizado quando Hitler chegou ao poder na década de 1930). As artes gráficas dadaístas tiveram uma grande influência, por exemplo, no enfoque organizacional do **Construtivismo** e do **De Stijl** e na energia pura do collage ou a **fotomontagem**, cuja invenção reivindicaram.

In: DADA
Fr: DADA
Ger: DADAISMUS
It: DADA
Es: DADA

DE STIJL

Movimento artístico e de design nascido na Holanda no início do século XX (1917-1931) que pretendia expressar as leis universais por meio de uma linguagem visual objetiva. O uso de **cores** se limitava aos neutros (branco, preto e cinzas) e aos **primários** (vermelho, azul e amarelo). As formas empregadas eram quadrados e retângulos, colocados de maneira assimétrica sobre linhas horizontais e verticais. Utilizava-se a tipografia **sem serifas**, frequentemente combinada com maciços **tipos manuscritos**.

In: DE STIJL
Fr: DE STIJL
Ger: DE STIJL
It: DE STIJL
Es: DE STIJL

Design: Donna S. Atwood, www.atwooddesign.com

A B C **D** E F G H I J K L M N O P Q R S T U V W X Y Z

DÉGRADÉ

Mistura gradual de uma **cor** em outra, ou do branco ou preto até uma cor saturada, geralmente em gradações uniformes. Os dégradés se usam para preencher parte de ilustrações, fundos ou tipos filetados.

In:	GRADIENT
Fr:	DÉGRADÉ
Ger:	VERLAUF
It:	GRADIENTE/I
Es:	DEGRADADO

Design: Donna S. Atwood, www.atwooddesign.com

DESCENDENTE

Parte de uma **letra** em *caixa baixa* que ultrapassa a **linha de base** para baixo. Como no caso das **ascendentes**, seu tamanho e peso relativos variam conforme o tipo. Veja: **ascendente**.

In:	DESCENDER
Fr:	DESCENDANTE
Ger:	UNTERLÄNGE
It:	TRATTO DISCENDENTE
Es:	DESCENDENTE

Design: Donna S. Atwood, www.atwooddesign.com

A B C **D** E F G H I J K L M N O P Q R S T U V W X Y Z

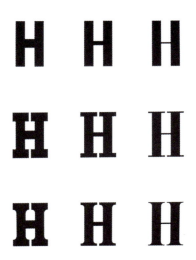

DESENHO DA LETRA

A forma de um caracter individual, seja ele uma letra ou outro sinal tipográfico. Os elementos comuns de um grupo de letras criam um **tipo de letra**. A *anatomia dos tipos* vem descrita por uma grande variedade de termos, como **serifas**, **ascendente**, **descendente** etc.

In: LETTERFORM
Fr: DESSIN D'UNE LETTRE
Ger: SCHRIFTCHARAKTER
It: GLIFO/I
Es: LETRA

Design: Stephanie Horn, www.stephanie-horn.com

DESENHO VETORIAL

Imagem digital criada mediante formas definidas matematicamente, em lugar das coleções de amostras que se usam nos **mapas de bits**. Essa propriedade permite que os gráficos vetoriais possam aumentar de tamanho sem perder a **resolução**. Imagens de mapas de bits, por outro lado, atingem níveis de detalhe e variação de tons que não alcançam os gráficos vetoriais. Veja: **curva de Bézier**.

In: VECTOR GRAPHIC
Fr: IMAGES VECTORIELLES
Ger: VEKTORGRAFIK
It: GRAFICA VETTORIALE
Es: GRÁFICO VECTORIAL

Design: Donna S. Atwood, www.atwooddesign.com

A B **D** E F G H I J K L M N O P Q R S T U V W X Y Z

DESIGN DE EMBALAGENS

Do ponto de vista de um designer gráfico, o design de embalagens supõe a criação de caixas que protejam e mostrem os produtos durante as etapas de distribuição, armazenagem, venda e uso. As **marcas**, *logotipos* e outros elementos visuais (e táteis) do **branding** têm um papel importantíssimo no design de embalagens, mesmo que as primeiras considerações possam ser puramente estéticas. Existem outros fatores que devem ser levados em conta, como a segurança (nos frascos de remédios com fecho de segurança para as crianças), fatores econômicos (cálculo do número de caixas que caibam em um contêiner para transporte) e facilidade de uso (permitindo que o usuário final abra a embalagem com facilidade), entre outros.

In: PACKAGING DESIGN
Fr: DESIGN DE PACKAGING
Ger: VERPACKUNGSDESIGN
It: PACKAGING DESIGN
Es: DISEÑO DE EMBALAJE

Diretor de Arte: Brian Adducci; **Design:** Dan Baggenstoss; **Empresa:** Capsule, www.capsule.us

DESIGN INTERATIVO

Prática de descrever, definir e criar elementos de um produto, sistema ou organização com os quais uma pessoa pode interagir. Os exemplos mais comuns costumam requerer interfaces tecnológicas complexas como as dos websites ou os dispositivos eletrônicos portáteis, mesmo que, inclusive, a interação mais simples requeira um design muito estudado. A alça da xícara costuma ser desenhada para que tenha um uso intuitivo e sensível. Os profissionais do design interativo têm de realizar um grande trabalho de investigação do usuário e aplicar métodos de outras disciplinas, como a psicologia cognitiva ou a antropologia.

In: INTERACTION DESIGN
Fr: DESIGN NUMÉRIQUE
Ger: INTERAKTIVES DESIGN
It: DESIGN INTERATTIVO
Es: DISEÑO INTERACTIVO

Prototouch da wirmachenbunt (Engler/Fuchs), 2007, www.wirmachenbunt.de

ABC**D**EFGHIJKLMNOPQRSTUVWXYZ

(Monotype Sorts)

(Webdings)

(Zapf Dingbats)

DINGBATS

Ampla gama de caracteres tipográficos especiais, como os **símbolos** (por exemplo, signos matemáticos, de pontuação etc.), **marcadores** (por exemplo, círculos, estrelas etc.) diversos ornamentos gráficos etc.

In: DINGBATS
Fr: DINGBATS
Ger: DINGBATS
It: DINGBATS
Es: DINGBATS

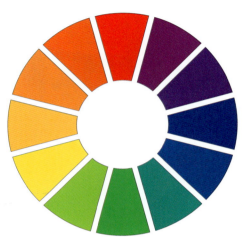

DISCO CROMÁTICO

Espectro de **cores** representadas em forma de segmentos de um círculo. O disco cromático mais comum, usado para a mescla de pigmentos, é formado pelas **cores primárias** vermelho, amarelo e azul, distribuídas de forma equitativa na circunferência. O vermelho, o amarelo e o azul são cores puras que não podem ser criadas combinando outras cores. No entanto, mesclando-os em proporções diferentes, pode ser obtido o restante das cores do círculo. Existem outros círculos cromáticos que mostram relações similares dentro de outros sistemas de cor, como o modelo **RGB**, usado para visualizar gráficos em telas. Veja: **cores análogas, cores complementares, cores primárias, cores secundárias e cores terciárias.**

In: COLOR WHEEL
Fr: ROUE CHROMATIQUE
Ger: FARBKREIS
It: RUOTA DEI COLORI
Es: RUEDA DE COLORES

Design: Donna S. Atwood, www.atwooddesign.com

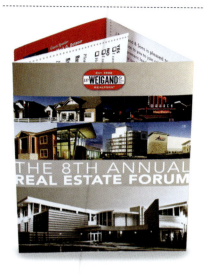

DOBRA PARALELA

DOBRA SANFONA

Sistema de dobradura que consiste em realizar dobras paralelas alternadas sobre uma folha de papel de maneira que os painéis resultantes se dobrem ou se enrolem uns sobre os outros. Para que todos os painéis encaixem, os exteriores vão se tornando mais largos (medidos de dobra a dobra ou de borda a dobra) à medida que se dobra. Veja: **dobra sanfona**.

In: BARREL FOLD
Fr: PLI ROULÉ
Ger: WICKELFALZ
It: PIEGHEVOLE A PORTAFOGLIO
ES: DOBLADO TIPO ROLLO

Direção de Arte: Tracy Holdeman;
Design: Casey Zimmerman;
Empresa: Insight Design Communications, www.insightdesign.com

Dobradura de uma folha de papel em duas ou mais pregas alternadas, de modo que cada um dos *painéis* (há seis ou mais) se dobra na direção contraria aos painéis adjacentes. Duas dobras realizadas dessa maneira resultam em uma sanfona de seis painéis (ou seis páginas), assim como três painéis em cada lado da folha; três pregas criam uma sanfona de oito painéis etc. Também denominada *concertina*.

In: ACCORDION FOLD
Fr: PLI ACCORDÉON
Ger: LEPORELLO
It: PIEGHEVOLE A FISARMONICA
Es: PLEGADO EN ACORDEÓN

Design: Megan Jones, www.meganjonesdesign.com

ABCDEFGHIJKLMNOPQRSTUVWXYZ

EGÍPCIA

Tipo *slab-serif* ou serifa grossa. Seu aspecto robusto e a mínima variação do *peso das hastes* a tornam um tipo adequado mais para cartazes, anúncios e manchetes do que para uso dentro do **corpo do texto**.

In: EGYPTIAN
Fr: ÉGYPTIENNE
Ger: EGYPTIENNE
It: CARATTERI EGIZIANI
Es: EGIPCIO

Design: Mike Joyce, Stereotype Design, www.stereotype-design.com

ENCADERNAÇÃO

Método de união das páginas de um livro, revista, folheto ou qualquer outra publicação impressa com grande número de páginas. Alguns métodos de encadernação, como o de argolas ou a de canutilho, utilizam grampos que se colocam numa série de furos realizados em cada página e, portanto, não são permanentes. Os métodos de encadernação permanentes são: **encadernação de capa dura**, à americana e o **grampo a cavalo**.

In: BINDING
Fr: RELIURE
Ger: EINBAND
It: RILEGATURA
Es: ENCUADERNACIÓN

Prisma Graphic Corporation, www.prismagraphic.com

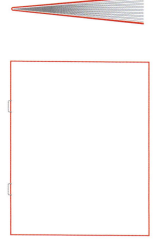

ENCADERNAÇÃO DE CAPA DURA

Método de **encadernação** permanente, usado principalmente para livros de capa dura. Realiza-se mediante a costura com linha das folhas que, posteriormente, tem a lombada colada. Uma vez realizado isso, refilam-se os três lados livres e cola-se a capa.

In: CASE BINDING
Fr: RELIURE CARTONNÉE
Ger: BUCHEINBAND
It: CARTONATURA
Es: ENCUADERNACIÓN EM TAPA DURA

ENCADERNAÇÃO GRAMPO A CAVALO/LOMBADA CANOA

Tipo de **encadernação** permanente utilizada em folhetos e em algumas revistas. As folhas e as capas se unem pela lombada, são grampeadas e, posteriormente, refiladas.

In: SADDLE-STITCH BINDING
Fr: PIQÛRE MÉTALLIQUE À CHEVAL
Ger: DRAHTHEFTUNG
It: GRAFFETTATURA
Es: ENCUADERNACIÓN A CABALLETE

A B C D **E** F G H I J K L M N O P Q R S T U V W X Y Z

Leading equal to
1 × point size

Tracking = 0

This generation, your generation, is the one that must find a path back to prosperity and decide how we respond to a global economy that left millions behind even before the most recent crisis hit — an economy where greed and short-term thinking were too often rewarded at the expense of fairness, and diligence, and an honest day's work.

Leading equal to
1¼ × point size

Tracking = -20

This generation, your generation, is the one that must find a path back to prosperity and decide how we respond to a global economy that left millions behind even before the most recent crisis hit — an economy where greed and short-term thinking were too often rewarded at the expense of fairness, and diligence, and an honest day's work.

Leading equal to
1½ × point size

ENTRELETRAS

ENTRELINHAS

Espaço geral entre caracteres dentro de um corpo de texto. O entreletras pode ser um problema se for utilizado um tipo justificado, já que possibilita a criação de vazios entre palavras, especialmente quando a **largura** de linha é curta. Não deve confundir-se com o processo de aumento do espaço entre os caracteres de um **tipo para título** para criar um maior interesse visual. Veja: *tracking*.

Distância entre linhas sucessivas de **tipos**, medida da linha de base à **linha de base** e expressada em **pontos**. Diferentemente dos tipos metálicos, os tipos digitais podem ser ajustados mediante um *entrelinhas negativo*, o que significa que o tamanho do ponto do tipo é maior que o tamanho do ponto do entrelinhas. Usa-se para criar efeitos mais dramáticos em peças publicitários, cartazes etc., ainda que a **legibilidade** seja prejudicada.

In:	LETTER SPACING
Fr:	INTERLETTRAGE
Ger:	SPATIONIEREN
It:	SPAZIO LETTERA
Es:	INTERLETRAJE

In:	LEADING
Fr:	INTERLIGNAGE
Ger:	DURCHSCHUSS (ZEILENABSTAND)
It:	INTERLINEA
Es:	INTERLINEADO

A B C D **E** F G H I J K L M N O P Q R S T U V W X Y Z

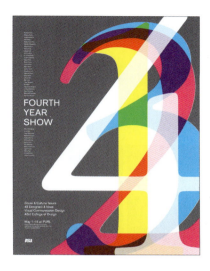

EQUILÍBRIO

Relação visual entre elementos de um design em um determinado contexto. Diz-se que um **layout** está equilibrado quando a forma, proporção, **textura**, **cor** e **valor** de cada elemento conseguem criar uma harmonia visual; apesar disso, um design equilibrado não precisa ser conservador. De fato, um bom designer pode usar o equilíbrio para ativar espaços que articulem toda a composição, criando uma experiência mais enriquecedora para o público.

In: BALANCE
Fr: ÉQUILIBRE
Ger: BALANCE (AUSGEWOGENHEIT)
It: BILANCIAMENTO
Es: EQUILIBRIO

Design/Fotografia: Skolos-Wedell, www.skolos-wedell.com

ESCALA

Tamanho ou peso de um elemento do design em relação aos demais dentro de um mesmo **layout**. A escala pode ser facilmente diferenciada, como quando se utiliza um **tipo** maior para indicar quais partes do texto são mais importantes, mesmo que muitas vezes as diferenças de escala sejam muito sutis. Objetos de formas diferentes, por exemplo, costumam ser convertidos em escalas diferentes, mesmo que ocupem geometricamente uma mesma área. A forma, a **cor** e o contexto também influenciam na escala de um elemento; a escala de um objeto depende de seu entorno.

In: SCALE
Fr: ÉCHELLE
Ger: GRÖSSENVERHÄLTNIS
It: SCALA

Design: Stephanie Horn, www.stephanie-horn.com

A B C D **E** F G H I J K L M N O P Q R S T U V W X Y Z

ESCALA DE CINZA

Imagem composta por tons variados de cinza, branco e preto. As fotografias coloridas podem ser digitalmente convertidas em imagens de escalas de cinza por meio de aplicativos de software que traduzem o **valor** de cada ponto ao seu equivalente em cinza, criando uma imagem que imita a fotografia em branco e preto. Veja: **monocromático**.

In:	GRAYSCALE
Fr:	ÉCHELLE DE GRIS
Ger:	GRAUSTUFENBILD
It:	SCALA DEI GRIGI
ES:	ESCALA DE GRISES

ESPAÇO BRANCO

Termo genérico para descrever áreas de um **layout** deixadas em "branco", mesmo que não sejam da **cor** branca. Esses espaços são tão importantes como o resto dos elementos para obter-se um bom design. É um elemento ativo, não passivo. De fato, o uso adequado dos espaços brancos cria uma estrutura e mantém o sentido de **ritmo** e **equilíbrio** em um layout, da mesma forma que os **espaços positivos** e **negativos** dão energia às relações entre os elementos do design. Veja: **grade**.

In: WHITE SPACE
Fr: BLANCS
Ger: WEISSRAUM
It: SPAZIO BIANCO
Es: ESPACIO BLANCO

Design/Fotografia: Mario Trejo, www.mariotrejo.com

ESPAÇO CROMÁTICO
Veja: **modelo de cor**.

ABCD**E**FGHIJKLMNOPQRSTUVWXYZ

Typography Typography

Em space En space

ESPAÇO EME

Espaço da largura de um *eme* dentro de uma linha de texto. As **fontes** digitais incluem o espaço eme como um caracter especial de largura fixa, ao contrário dos espaços criados pelo uso da tecla de espaço, que pode variar conforme o software compõe cada linha de texto.

In: EM SPACE
Fr: ESPACE CADRATIN
Ger: GEVIERTABSTAND
It: SPAZIO EM
Es: ESPACIO DE CUADRATÍN

ESPAÇO ENE

Espaço de largura equivalente a meio quadratim. Igualmente ao espaço de quadratim, as **fontes** digitais dispõem de um caractere específico. Devido à sua largura fixa, o espaço de meio quadratim permanece invariável na composição de linha do software, enquanto que os criados pela barra de espaço têm uma largura variável.

In: EN SPACE
Fr: ESPACE DEMI-CADRATIN
Ger: HALBGEVIERTABSTAND
It: SPAZIO EN
Es: ESPACIO DE MEDIO QUADRATÍN

A B C D **E** F G H I J K L M N O P Q R S T U V W X Y Z

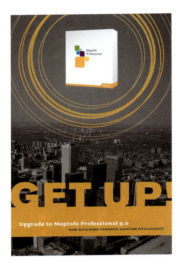

ESPAÇO NEGATIVO

Vácuo criado pela relação entre dois ou mais elementos do design e o **espaço positivo** ao qual se associam. Comumente utilizado para descrever aspectos de grandes composições, mas também para descrever elementos de **tipografia**, em que as formas das letras geram relações de espaços positivos e negativos com as letras vizinhas. Logotipos, que costumam ser pequenos, são desenhados considerando-se a relação entre espaços positivo e negativo. Veja: **figura-fundo** e **espaço branco**.

In: NEGATIVE SPACE
Fr: ESPACE NÉGATIF
Ger: FREIE FLÄCHE
It: SPAZIO NEGATIVO
Es: ESPACIO NEGATIVO

Direção de Criação: Michael Fallone;
Direção de Design: Doug Bartow;
Design: Susan Merrick;
Empresa: id29, www.id29.com

ESPAÇO POSITIVO

Área ou áreas de um layout ou elementos de design individuais nas quais há uma forma (os vácuos resultantes se chamam **espaço negativo**). Mesmo que o espaço positivo seja muito usado para descrever aspectos de **layouts** completos, também pode descrever aspectos relacionados com a **tipografia**, em que as letras geram relações de espaços positivos e negativos com as letras contíguas. Logotipos, sendo normalmente de tamanho reduzido, costumam ser projetados prestando especial atenção à relação entre espaço positivo e negativo. Veja: **espaço negativo**, **figura/fundo** e **espaço branco**.

In: POSITIVE SPACE
Fr: ESPACE POSITIF
Ger: GESTALTETE FLÄCHE
It: SPAZIO POSITIVO
Es: ESPACIO POSITIVO

Direção de Arte: Hayes Henderson;
Design/Ilustração: Joel Bowers;
Empresa: HendersonBromsteadArt, www.hendersonbromsteadart.com

A B C D E **F** G H I J K L M N O P Q R S T U V W X Y Z

FACA ESPECIAL/CORTE&VINCO

Processo pelo qual se realizam cortes e/ou dobras precisas sobre uma folha de papel impressa utilizando um molde composto por lâminas que percorrem o formato desejado. Esse corte pode ter uma função estrutural, como os das pastas com separadores ou caixas para embalagens; ou decorativos, como no caso das "janelas" usadas para mostrar imagens ou no tratamento das bordas. Às vezes, combinam-se a funcionalidade e o aspecto decorativo. Veja: **meio corte** e **corte a laser**.

In:	DIE CUT
Fr:	DÉCOUPE
Ger:	STANZSCHNITT
It:	FUSTELLA
Es:	TROQUELADO

Direção de Criação: Clifton Alexander;
Direção de Arte: Chase Wilson;
Empresa: Reactor, www.yourreactor.com

Helvetica Neue
Helvetica Neue Light
Helvetica Neue Ultralight
Helvetica Neue Ultralight Italic
Helvetica Neue Italic
Helvetica Neue Bold Italic
Helvetica Neue Bold Italic

FAMÍLIA TIPOGRÁFICA

Variações de um mesmo **tipo de letra**, como o **bold**, o **itálico**, a **condensada**, a *expandida* etc. O amplo leque de "membros de uma família" é o resultado da rápida expansão da publicidade no século XIX e a consequente demanda por **tipografias** diferentes e mais chamativas. Veja: **caracteres especiais**.

In:	TYPE FAMILY
Fr:	FAMILLE DE CARACTÈRES
Ger:	SCHRIFTFAMILIE
It:	FAMIGLIA DI CARATTERI
Es:	FAMILIA TIPOGRÁFICA

A B C D E **F** G H I J K L M N O P Q R S T U V W X Y Z

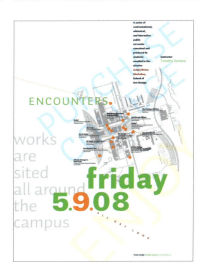

FIGURA-FUNDO

Aspecto da percepção visual baseada na relação entre uma forma, como uma figura, objeto, forma geométrica ou letra e seu entorno: uma forma só é distinguível do fundo quando é diferente dele. Graças a uma minuciosa manipulação dessa relação inerente, os designers são capazes de criar efeitos visuais incríveis partindo das formas mais básicas. As relações figura-fundo estáveis costumam ter um ponto focal de fácil identificação e um aspecto harmonioso, enquanto as relações ambíguas confundem o espectador. Veja: **espaço positivo** e **espaço negativo**.

In: FIGURE-GROUND
Fr: DESSIN EN GRISÉ
Ger: FORMFLÄCHENGESTALTUNG
It: FIGURA-SFONDO
Es: RELACIÓN FIGURA-FONDO

Design: Niklaus Troxler;
Empresa: Niklaus Troxler Design, www.troxlerart.ch

FLUXO VISUAL

Caminho que o olho deve seguir para ver uma fotografia ou um **layout**. Essa linha de orientação depende de muitos fatores, como a **cor**, o **equilíbrio**, o **contraste** etc. Um bom design deve saber aproveitá-la. Os sinais de orientação, por exemplo, devem ser simples e diretos, enquanto os cartazes captam a atenção mediante uma linha de orientação mais complexa. Veja: **ponto focal**.

In: EYE FLOW
Fr: CIRCULATION DU REGARD
Ger: BLICKPFADBEWEGUNG
It: FLUSSO VISIVO
Es: LÍNEA DE ORIENTACIÓN

Design: Timothy Samara, tsamara_designer@hotmail.com

FORMA/CONTRAFORMA
Veja: **figura-fundo**, **espaço positivo** e **espaço negativo**.

A B C D E **F** G H I J K L M N O P Q R S T U V W X Y Z

FOTOMONTAGEM

Processo de criação de uma **composição** fotográfica por meio de combinação de elementos de diferentes fotografias. O resultado, que também se chama *fotomontagem*, se faz cortando e colando, tanto no sentido literal como mediante o uso de um software de edição digital. As fotomontagens criadas manualmente, às vezes, são fotografadas depois de finalizadas, dando a sensação de ser uma fotografia "real". Os termos *fotomontagem* e *montagem* são usados indistintamente. Veja: **colagem**.

In: PHOTOMONTAGE
Fr: PHOTOMONTAGE
Ger: FOTOMONTAGE
It: FOTOMONTAGGIO
Es: FOTOMONTAJE

Design/Fotografia: Joe Miller, www.joemillersco.com

FONTE

É composta por letras em *caixa baixa* e *caixa alta*, numerais e signos de pontuação, embora muitas fontes *Open Type* também incluam caracteres especiais que antigamente faziam parte dos *expert sets*. Nos tipos metálicos e de madeira, as fontes são de tamanho único, mas os tipos digitais podem ser ampliados ou reduzidos num click do *mouse*. Fonte e tipo são dois termos que podem ser confundidos. Tipo ou tipo de letra, faz referência ao design global de um conjunto de caracteres; fontes são os meios de produção, físicos ou digitais.

In: FONT
Fr: FONTE
Ger: SCHRIFTSATZ
It: FONT
Es: FUENTE

Design: Elias Roustom;
Empresa: EM Letterpress, www.emletterpress.com

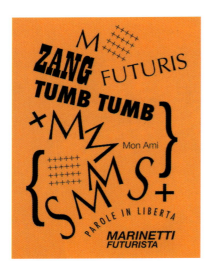

FUTURISMO

Movimento artístico europeu radical da primeira parte do século XX (1909-1930), desenvolvido principalmente na Itália. O Futurismo pretendia integrar a velocidade e os ruídos da era das máquinas na arte e no design. Para expressar essa energia, utilizava-se da **colagem**, da **fotomontagem** e de outras técnicas que sugeriam o movimento cinemático. A maior contribuição do Futurismo ao design gráfico, no entanto, foi a utilização dos **tipos** para criar impacto visual. Em um mesmo **layout** se usavam múltiplos **tipos** de diferentes tamanhos, às vezes colocados em ângulos estranhos ou até mesmo distorcidos. O **negrito** e o **itálico** criavam ênfases expressivas.

In: FUTURISM
Fr: FUTURISME
Ger: FUTURISMUS
It: FUTURISMO
Es: FUTURISMO

Design: Donna S. Atwood, www.atwooddesign.com

GRADE

Malha de linhas entrecruzadas, normalmente em direção horizontal e vertical, utilizada para organizar os elementos de um desenho e dar uma estrutura lógica a um **layout**. É uma ferramenta muito útil para projetos grandes, já que permite aos designers um trabalho mais eficiente, evitando decisões arbitrárias. Seu uso é muito criticado porque inibe a criatividade e o pensamento crítico. No entanto, utilizada corretamente, uma grade serve de "esqueleto" para um layout, proporcionando uma estrutura de apoio que permite que o designer trabalhe com maior liberdade.

In: GRID
Fr: GRILLE
Ger: RASTER (SATZSPIEGEL)
It: GRIGLIA
Es: CUADRÍCULA

Direção de Criação: Sean Adams, Noreen Morioka;
Design: Sean Adams;
Empresa: AdamsMorioka, www.adamsmorioka.com

A B C D E F G **H** I J K L M N O P Q R S T U V W X Y Z

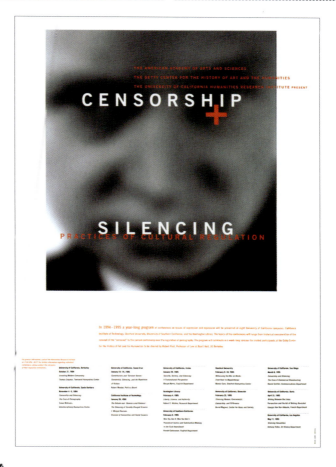

HIERARQUIA

Ordem distinguível expressada pelas variações de **escala**, localização, **valor**, **cor** e outros códigos visuais. Os **títulos** e **subtítulos**, por exemplo, criam uma ordem em publicações longas. Os designers, mediante a disposição hierárquica dos elementos, guiam o espectador/leitor pelo conteúdo de cartão de visitas, folhetos, cartazes, livros ou qualquer outro trabalho criativo, mostrando deliberadamente cada elemento do design. As hierarquias "planas" criam resultados menos interessantes e, por vezes, mais confusos.

In: HIERARCHY
Fr: HIÉRARCHIE
Ger: HIERARCHIE
It: GERARCHIA TIPOGRAFICA
Es: JERARQUÍA

Direção de Criação/Design: Sean Adams;
Empresa: AdamsMorioka, www.adamsmorioka.com

ABCDEFG**H**IJKLMNOPQRSTUVWXYZ

–

(Hyphen)

That is the great American story: young people just like you, following their passions, determined to meet the times on their own terms. They weren't doing it for the money. Their titles weren't fancy: ex-slave, minister, student, citizen. But they changed the course of history—and so can you.

That is the great American story: young people just like you, following their passions, determined to meet the times on their own terms. They weren't doing it for the money. Their titles weren't fancy: ex-slave, minister, student, citizen. But they changed the course of history—and so can you.

–––

(En dash)

That is the great American story: young people just like you, following their passions, determined to meet the times on their own terms. They weren't doing it for the money. Their titles weren't fancy: ex-slave, minister, student, citizen. But they changed the course of history—and so can you.

That is the great American story: young people just like you, following their passions, determined to meet the times on their own terms. They weren't doing it for the money. Their titles weren't fancy: ex-slave, minister, student, citizen. But they changed the course of history—and so can you.

–––––

(Em dash)

HÍFEN

Signo ortográfico, que não deve ser confundido com os **travessões eme** ou **ene**, de usos diferentes e específicos. Em português, é usado para a partição silábica no fim da linha, para unir elementos de palavras compostas e para unir outras combinações gráficas.

In: HYPHEN
Fr: TRAIT D'UNION
Ger: TRENNSTRICH
It: TRATTINO
Es: GUIÓN

H&J

Abreviatura de *Hyphenation & Justification* (partição silábica e justificação), o processo pelo qual os softwares preenchem as linhas com tipos. Independentemente de o texto estar **alinhado à direita**, à **esquerda**, **justificado** ou **centralizado**, o software preenche automaticamente cada linha em toda sua extensão com uma combinação de caracteres e espaços. Isso se chama *justificação* (termo que costuma ser usado unicamente para descrever as linhas de tipo que preenchem toda sua extensão). A *partição silábica* é o corte de palavras necessário para que cada linha de tipo seja completada. As aplicações avançadas de edição permitem ajustar vários parâmetros de H&J, proporcionando ao designer a flexibilidade necessária pra criar uma **tipografia** elegante. Veja: **texto justificado**.

In: H&J
Fr: C&J
Ger: SILBENTRENNUNG & BLOCKSATZ (S&B)
It: H&J
Es: H&J

A B C D E F G **H I** J K L M N O P Q R S T U V W X Y Z

HOT STAMPING (ESTAMPA METÁLICA A QUENTE)

Processo de fusão de uma fina lâmina de plástico sobre um papel por meio de um dado metálico quente. Usa-se para ressaltar **logotipos**, ilustrações, **tipos** ou outros elementos de design. As lâminas de plástico podem ser de muitas **cores** e brilhos e, inclusive, ter acabamentos metálicos. É possível utilizar lâminas opacas para aplicar uma cor suave sobre um fundo escuro, ou lâminas translúcidas para imitar um **verniz**. Também chamado de *estampado quente*.

In: FOIL STAMPING
Fr: DORURE
Ger: FOLIENPRÄGUNG
It: STAMPA A LAMINA DI PLASTICA
Es: ESTAMPADO METÁLICO

Design: Adam Head;
Empresa: Fuse, www.fuse-design.co.uk

ÍCONE

Signo gráfico que mantém uma relação de semelhança com o que representa (por exemplo, o ícone de impressão em uma tela de computador é uma impressora). Outros exemplos podem ser um cigarro nos avisos de *proibido fumar* e o ícone de uma mala usado nos aeroportos para indicar o lugar de retirada da bagagem. Essa relação de semelhança faz com que um ícone seja facilmente reconhecido, superando, inclusive, barreiras linguísticas ou culturais. Veja: **símbolo** e **pictograma**.

In: ICON
Fr: ICÔNE
Ger: BILDZEICHEN
It: ICONA
Es: ICONO

A B C D E F G H **I** J K L M N O P Q R S T U V W X Y Z

First-line indent

This generation, your generation, is the one that must find a path back to prosperity and decide how we respond to a global economy that left millions behind even before the most recent crisis hit — an economy where greed and short-term thinking were too often rewarded at the expense…

Hanging indent

This generation, your generation, is the one that must find a path back to prosperity and decide how we respond to a global economy that left millions behind even before the most recent crisis hit — an economy where greed and short-term thinking were too often rewarded at the expense…

Running indent

This generation, your generation, is the one that must find a path back to prosperity and decide how we respond to a global economy that left millions behind even before the most recent crisis hit — an economy where greed and short-term thinking were too often rewarded at the expense …

Indent on character

- This generation, your generation, is the one that must find a path back to prosperity and decide how we respond to a global economy that left millions behind even before the most recent crisis hit — an economy where greed and short-term thinking were too often rewarded at the expense…

IDENTAÇÃO

Ajuste realizado nas **bordas** de uma ou mais linhas de **texto**. Usa-se para marcar o início de um novo parágrafo, no qual se deixa um espaço no começo da primeira linha maior que nas linhas sucessivas. A *identação francesa* é usada para aumentar as bordas de todas as linhas de um parágrafo, exceto da primeira. Os *recuos* ou *recorridos* podem ser usados para alterar as bordas direitas e esquerdas de muitas linhas de texto, por exemplo, para ajustá-las ao redor de uma ilustração ou fotografia. Também se usa uma *identação em um ponto ou caractere* ajustando as margens para corresponderem a um ponto ou caractere específico de uma linha de tipo prévia.

In: INDENT
Fr: COMPOSITION EN ALINÉA
Ger: ZEILENEINZUG
It: RIENTRO
Es: SANGRÍA

IDENTIDADE

Personalidade de uma empresa, expressada de maneira visual (tanto interna como externamente) graças ao seu exclusivo e inconfundível **branding**. O *pacote de identidade* inclui **marcas**, *logotipos*, **paleta de cores** (frequentemente determinadas por um **sistema de ajuste de cor**), **layouts** padronizados para documentos e embalagens e as diretrizes de uso de cada elemento para manter a coerência. As corporações de grande porte podem ter diferentes marcas que compartilham elementos visuais comuns, conectando cada uma das marcas com um sistema de identidade corporativo maior.

In: IDENTITY
Fr: IDENTITÉ
Ger: FIRMENERSCHEINUNGSBILD
It: IDENTITÀ
Es: IDENTIDAD

Direção de Criação: Sean Adams, Noreen Morioka;
Design: Monica Schlaug;
Empresa: AdamsMorioka, www.adamsmorioka.com

ABCDEFGHIJKLMNOPQRSTUVWXYZ

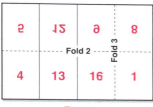

IMPOSICIONAMENTO

Organização precisa de múltiplas páginas de uma publicação para sua impressão em folhas de grande tamanho. O processo garante que essas páginas estejam corretamente orientadas e impressas na ordem correta, dobradas em folhas e encadernadas. Pode ser feito manualmente, ainda que atualmente se usem aplicações de software. Veja: **paginação**.

In: IMPOSITION
Fr: IMPOSITION
Ger: AUSSCHIESSEN
It: IMPOSIZIONE TIPOGRAFICA
Es: IMPOSICIÓN

IMPRESSÃO SOBREPOSTA

Mistura de tintas impressas, uma por cima da outra, resultando em uma **cor** nova. Na maioria dos casos, quando dois elementos do design são sobrepostos, apenas a cor do elemento superior é impressa, já que ela *suplanta* tudo o que estiver por baixo. Por outro lado, se a impressão sobreposta já estiver pronta, as cores se combinam para formar outra cor. No exemplo acima, o amarelo foi aplicado à toda peça, seguido pelo magenta que foi aplicado a tudo, exceto ao texto em amarelo, e finalmente o ciano nas áreas sem tipos.

In: OVERPRINTING
Fr: SURIMPRESSION
Ger: ÜBERDRUCKEN
It: SOVRASTAMPA
Es: SOBREIMPRESIÓN

Design: Andrew Weed, andrew.weed@asu.edu;
Litografia: Prisma Graphic Corporation

IMPRESSÃO TIPOGRÁFICA

Processo de *impressão por relevo* nascido no século XV, na Alemanha, no momento da invenção da prensa tipográfica. Realiza-se colocando na prensa os blocos de **tipos** e as ilustrações, que estão compostos invertidos para a leitura correta após a transferência para o papel, cuja superfície saliente é coberta com tinta e sobre a qual imprime-se sobre o papel. Antigamente, a impressão se realizava mediante tipos de madeira ou metálicos, mas atualmente isso é feito em pranchas de polímeros criadas a partir de arquivos digitais. As novas tecnologias têm conseguido que se realizem inclusive operações de impressão em tamanhos reduzidos, produzindo uma variedade de designs sem precedentes, assim como o renascimento de uma arte que parecia em vias de extinção.

In: LETTERPRESS
Fr: IMPRESSION TYPOGRAPHIQUE
Ger: HOCHDRUCK
It: RILIEVOGRAFIA
Es: IMPRESIÓN TIPOGRÁFICA

Design: Studio on Fire, www.studioonfire.com

A B C D E F G H **I J K** L M N O P Q R S T U V W X Y Z

Caslon

Caslon Italic

Palatino

Palatino

Palatino Italic

Palatino

Palatino
−19 −37 +7
−76   0   +11 −25

ITÁLICO

Tipografia inclinada para a direita, frequentemente utilizada para realçar uma parte de um texto. As *itálicas*, se desenvolveram na Itália por volta de 1500 como um recurso para que coubessem mais letras em uma página e, assim, reduzir o tamanho dos livros. As *itálicas reais* são conjuntos de letras com um desenho distinto do **tipo** nos quais se baseiam. O tipo oblíquo também se inclina para a direita, mas as letras praticamente não se diferenciam das romanas (verticais) do mesmo tipo. Veja: **oblíqua**.

In: ITALIC
Fr: ITALIQUE
Ger: KURSIV
It: CORSIVO
ES: CURSIVA

KERNING

Ajuste nos espaços entre dois caracteres adjacentes para criar um **ritmo** visualmente mais equilibrado. Ao agrupar alguns caracteres, como *T* e *o*, a interação de suas formas cria um vazio incômodo. Utiliza-se o *kerning* para estreitar esse espaço e proporcionar uma aparência mais natural. Os *pares de kerning* são pares de letras que requerem esse ajuste para um entreletras adequado (uma tarefa que pode ser realizada automaticamente pelos softwares, mas que proporciona resultados que nem sempre agradam os designers ou tipógrafos).

In: KERNING
Fr: CRÉNAGE
Ger: UNTERSCHNEIDEN
It: CRENATURA
Es: KERNING

A B C D E F G H I J K **L** M N O P Q R S T U V W X Y Z

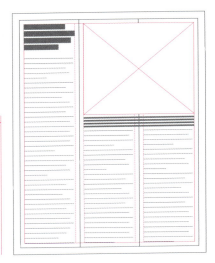

These things are true. They have been the quiet force of progress throughout our history.

What is demanded then is a return to these truths. What is required of us now is a new era of responsibility — a recognition, on the part of every American, that we have duties to ourselves, our nation and the world, duties that we do not grudgingly accept but rather seize gladly, firm in the knowledge that there is nothing so satisfying to the spirit, so defining of our character than giving our all to a difficult task.

LARGURA

Largura de um bloco ou coluna de texto, tradicionalmente medida em **pontos**, **paicas** ou **quadratins**, mas milímetros e **pixels** também são usados em certos contextos. A largura ideal para uma boa **legibilidade** costuma ser de 52-78 caracteres (o equivalente a 2-3 alfabetos), incluindo espaços. Fatores como o entrelinhas, entreletras e o próprio tipo de letra devem ser considerados. Veja: **comprimento de linha**.

In: MEASURE
Fr: MESURE
Ger: SATZBREITE
It: GIUSTEZZA
Es: ANCHO

LAYOUT

Fase preliminar do processo de design no qual se organizam os diferentes elementos, como os **tipos**, fotografias e ilustrações, para um resultado final que seja facilmente compreensível. Também representa a organização geral de um design já finalizado. O layout de livros, folhetos, relatórios ou documentos com muitas páginas costumam organizar-se por **grades**.

In: LAYOUT
Fr: MAQUETTE
Ger: LAYOUT
It: LAYOUT
Es: MAQUETACIÓN

Design: Donna S. Atwood, www.atwooddesign.com

A B C D E F G H I J K **L** M N O P Q R S T U V W X Y Z

LEGIBILITY: HOW EASILY LETTERFORMS AND WORDS CAN BE DECIPHERED

Legibility: how easily letterforms and words can be deciphered

Legibility: how easily letterforms and words can be deciphered

LEGENDA

Texto breve usado para descrever ou explicar uma fotografia, ilustração, quadro ou qualquer outro elemento visual. Costuma estar situado acima, abaixo ou ao lado do elemento gráfico, separado do **corpo de texto**. Veja: **chamada**.

In: CAPTION
Fr: LÉGENDE
Ger: BILDUNTERSCHRIFT
It: DIDASCALIA
Es: PIE DE FOTO

Direção de Criação: Peter Shikany, Judy Smith;
Empresa: P.S. Studios, www.psstudios.com

LEGIBILIDADE

Medida qualitativa da facilidade de leitura das **letras** e das palavras. A legibilidade tipográfica também influencia a legibilidade linguística, ou seja, a facilidade de ler um texto criado com uma tipografia. Entretanto, a legibilidade não garante a **leiturabilidade**, o conforto visual na leitura. A necessidade de que um texto tenha maior ou menor legibilidade depende muito do contexto: os cartazes ou as sobrecapas de livros, por exemplo, costumam empregar **tipos** atrativos, mas praticamente ilegíveis. Se esses mesmos tipos fossem usados em sinalizações ou em um relatório anual seriam desastrosos.

In: LEGIBILITY
Fr: LISIBILITÉ
Ger: LESERLICHKEIT
It: LEGGIBILITÀ
Es: LEGIBILIDAD TIPOGRÁFICA

A B C D E F G H I J K **L** M N O P Q R S T U V W X Y Z

Now we are engaged in a great civil war, testing whether that nation, or any nation, so conceived and so dedicated, can long endure. We are met on a great battlefield of that war. We have come to dedicate a portion of that field, as a final resting place for those who here gave their lives that that nation might live. It is altogether fitting and proper that we should do this.

Now we are engaged in a great civil war, testing whether that nation, or any nation, so conceived and so dedicated, can long endure. We are met on a great battlefield of that war. We have come to dedicate a portion of that field, as a final resting place for those who here gave their lives that that nation might live. It is altogether fitting and proper that we should do this.

Now we are engaged in a great civil war, testing whether that nation, or any nation, so conceived and so dedicated, can long endure. We are met on a great battlefield of that war. We have come to dedicate a portion of that field, as a final resting place for those who here gave their lives that that nation might live. It is altogether fitting and proper that we should do this.

LEITURABILIDADE

Medida qualitativa do conforto visual que uma determinada **tipografia** proporciona na leitura de um texto. É frequentemente confundidada com **legibilidade**, à qual está relacionada com a clareza das formas. Para que seja compreensível, uma linha de **texto** deve ser legível; entretanto, a simples distinção de uma **letra** ou palavra de outra não garante automaticamente em boa leiturabilidade Um romance escrito com uma **tipografia condensada**, por exemplo, pode ser perfeitamente legível mas, ainda assim, carecer de leiturabilidade. Uma tipografia "leiturável" depende de vários fatores, como o tamanho do tipo, o **entreletras**, o **entrelinhas** e, inclusive, o próprio **tipo de letra**.

In: READABILITY
Ger: LESBARKEIT
Es: LEGIBILIDADE LINGÜÍSTICA

LETRA FILETADA

Tipo de letra cujos caracteres estão desenhados como contornos em vez de traços sólidos. Os filetes ou contornos também podem ser criados mediante aplicação de softwares como o Adobe Illustrator®. As **curvas de Bézier** criadas com essas aplicações podem realizar-se em maior ou menor escala sem que se perca a definição; contudo, a correta proporção do tipo pode se perder nesse processo.

In: OUTLINE TYPE
Fr: CARACTÈRES AU FIL
Ger: KONTURSCHRIFT
It: CARATTERI CONTORNATI
Es: LETRA PERFILADA

Design: Eric Kass;
Empresa: Funnel, www.funnel.tv

ABCDEFGHIJK**L**MNOPQRSTUVWXYZ

And so my fellow Americans: ask not what your country can do for you—ask what you can do for your country.

LETRA GÓTICA

Classe de **tipos** ornamentados criados na metade do século XV. Os primeiros a desenvolver tipos góticos foram os impressores alemães, que queriam imitar a escrita manual dos escribas da época. Outras letras similares também podem ser chamadas de gótica, como a Fraktur, Textura ou Old English. *Gótico* pode referir-se também aos primeiros **tipos sem serifas**, que pouco tem a ver com a letra gótica.

In: BLACKLETTER
Fr: GOTHIQUE
Ger: FRAKTUR (SCHRIFTEN)
It: BLACKLETTER
Es: LETRA GÓTICA

Design: Goodesign, www.goodesignny.com

LETRAS CAUDAIS

Caracteres decorativos com alguns traços alongados, cujas maiúsculas tendem a se inclinar para a direita. Nas maiúsculas, usam-se como letras iniciais de princípio de parágrafo, algumas vezes em tamanho maior que o resto. Nas minúsculas, usam-se no final do parágrafo, para a letra final da última palavra de um parágrafo. Esse tipo de letra pode dar um toque de elegância a um texto, mas deve ser usado com moderação, já que uma linha de texto inteira em letras caudais é dispersiva e compromete a legibilidade. Veja: **capitular elevada**.

In: SWASH CHARACTERS
Fr: LETTRE ITALIQUE ORNÉE
Ger: ZIERBUCHSTABEN
It: CARATTERI SWASH
Es: LETRA DE FANTASÍA

A B C D E F G H I J K **L** M N O P Q R S T U V W X Y Z

LIGADURA

Combinação de duas ou três **letras** mediante elementos comuns. Usa-se para evitar colisões antiestéticas entre letras, como no caso do *i* atrás do *f*. Se essas letras se colocam como caracteres separados, o ponto do *i* fica muito próximo, ou sobreposto à parte superior do *f*. Ao substituir os dois caracteres por uma ligadura, obtem-se uma linha de tipos mais clara e legível. As ligaduras, que remontam aos manuscritos antigos, eram usadas desde o início dos tipos metálicos, mas desapareceram na era do *fototipo* e *fotocomposição*. Quase todas as **fontes** digitais, no entanto, incluem uma seleção de ligaduras.

In: LIGATURE
Fr: LIGATURE
Ger: LIGATUR
It: LEGATURA
Es: LIGADURA

LINHA

Sucessão de pontos colocados em linha reta ou criando curvas. Diferentemente das linhas usadas em geometria, nas quais a espessura não tem importância, as linhas usadas pelos designers gráficos podem ser finas ou grossas e não há razão para serem constantes em toda a sua longitude – podem ser linhas rompidas ou fragmentadas. As linhas grossas adquirem as propriedades dos planos (superfícies planas). Os três elementos que formam a base da criação de qualquer forma do design gráfico são o ponto, a linha e o plano. Veja: **linha/filete**.

In: LINE
Fr: LIGNE
Ger: LINIENGESTALTUNG
It: LINEA/E
Es: LÍNEA

Design: MacFadden & Thorpe,
www.macfaddenandthorpe.com

ABCDEFGHIJK L MNOPQRSTUVWXYZ

Typography

LINHA/FIO/FILETE

Recurso tipográfico usado para separar um elemento de outro em um **layout**, organizando o espaço e criando um sentido de **hierarquia**. A espessura de um filete se expressa em **pontos**.

In: RULE
Fr: FILET
Ger: LINIE
It: FILETTO TIPOGRAFICO
Es: FILETE

LINHA DE BASE

Em tipografia, linha de referência usada para o **alinhamento** horizontal dos tipos. As bases das letras em *caixa alta* e as letras em *caixa baixa* sem **descendentes** se situam ao longo da linha de base, ou muito próxima dela. De fato, unicamente as letras em caixa baixa de base plana, como o *h* ou o *i*, apoiam-se realmente sobre a linha de base. As de base redonda, como o *o* ou o *u*, ficam ligeiramente abaixo dela. A ilusão óptica que cria esse fato mostra a relevância do **alinhamento visual** em detrimento do alinhamento de precisão quando se utiliza **tipografia** refinada.

In: BASELINE
Fr: LIGNE DE BASE
Ger: GRUNDLINIE (SCHRIFTLINIE)
It: LINEA DI BASE
Es: LÍNEA DE BASE

ABCDEFGHIJK **L** MNOPQRSTUVWXYZ

Paper

Stone or plate

Typography

LINHA MÉDIA

Linha de referência usada para obter o **alinhamento** horizontal de um tipo, que corresponde à **altura-de-x** de um tipo de letra. As bordas superiores das letras em *caixa baixa* sem **ascendentes** se apoiam na linha média ou ficam muito próxima dela. De fato, unicamente as letras em caixa baixa de bordas planas, como o *u* ou o *x*, terminam na linha média. As letras com bordas redondas, como o *a* ou o *o*, superam ligeiramente a linha média. Na **linha de base** ocorre uma ilusão óptica similar, o que também mostra a importância do **alinhamento visual** sobre o alinhamento de precisão.

In: MEAN LINE
Fr: LIGNE DE TÊTE
Ger: X-LINIE (MITTELLINIE)
It: LINEA MEDIANA
Es: LÍNEA MEDIA

LITOGRAFIA

Processo de impressão no qual a tinta se transfere ao papel por meio de uma pedra polida ou uma prancha metálica. A palavra procede do grego: *lithos* (pedra) e *grapho* (escrever). Para fazer litografias, marca-se a pedra ou a chapa de metal com um meio de base oleosa, como o *crayon*, para definir as áreas nas quais a tinta (de base oleosa) irá aderir ou não. As zonas não marcadas da prancha absorvem a água e repelem a tinta oleosa, que adere às áreas marcadas com o *crayon*, convertendo-se na imagem impressa final. Veja: **litografia offset**.

In: LITHOGRAPHY
Fr: LITHOGRAPHIE
Ger: LITHOGRAFIE
It: LITOGRAFIA
Es: LITOGRAFÍA

Design: Donna S. Atwood, www.atwooddesign.com

A B C D E F G H I J K **L** M N O P Q R S T U V W X Y Z

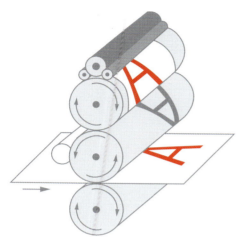

LITOGRAFIA OFFSET

Processo de impressão baseado nos princípios de **litografia**, em que uma imagem entintada é transferida para uma manta de borracha antes de ser aplicada à superfície da impressão (papel). A tinta de aplica na chapa metálica mediante um conjunto de rolos e, por sua vez, outros rolos envolvem a manta de borracha, transferindo a tinta para ela. Sua grande qualidade e menor custo converteram esse tipo de impressão, também chamado *impressão offset,* no mais usado para trabalhos de impressões comerciais.

In: OFFSET LITHOGRAPHY
Fr: LITHOGRAPHIE OFFSET
Ger: OFFSETDRUCK
It: LITOGRAFIA OFFSET
Es: LITOGRAFÍA OFFSET

LOGO

Signo gráfico geralmente composto por um *símbolo* e *logotipo**, utilizado para fins comerciais como parte integrante do *branding*. É um elemento de difícil criação e deve ser instantaneamente reconhecido, de tamanho muito reduzido, muito rico em conteúdo, já que representa os valores e a personalidade da marca. Deve ser recordado com facilidade, reconhecido imediatamente e distinguível entre seus concorrentes. Um *logotipo* é um conjunto específico de letras que representa o nome de uma organização ou acrônimo, cujos detalhes (**cor**, **tipo de letra**, **entreletras** etc.) são únicos e formam parte integral da marca de uma organização.

In: LOGO
Fr: LOGO
Ger: LOGO
It: LOGO
Es: LOGO

(*) Logo usado com permissão da Best Friends Animal Society. Todos os direitos reservados.

LOREM IPSUM
Veja: **texto falso**.

A B C D E F G H I J K L **M** N O P Q R S T U V W X Y Z

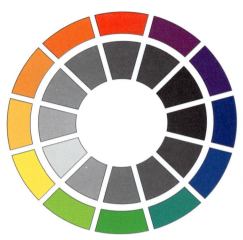

LUMINOSIDADE

Claridade ou obscuridade relativa de uma **cor**, também chamada **valor** ou *tom*. Em uma fotocópia em branco e preto, as cores de níveis de claridade similar praticamente não se distinguem umas das outras. Veja: **disco cromático**.

In: BRIGHTNESS
Fr: LUMINOSITÉ
Ger: LEUCHTDICHTE
It: LUMINOSITÀ
Es: BRILLO

Design: Donna S. Atwood, www.atwooddesign.com

MALA

Material usado no processo de preparação de uma impressão e em outros equipamentos de acabamento, dobradura ou **encadernação**. *Malas* referem-se diretamente às folhas de papel usado, às vezes repetidamente a mesma folha, como teste de impressão de cor e registro durante o processo de ajuste da máquina. Eventualmente, essas folhas de papel com múltiplas camadas de impressão aleatórias, são tratadas como peças artísticas.

In: MAKEREADY
Fr: MACULE
Ger: DRUCKEINRICHTUNG
It: AVVIAMENTO MACCHINA
Es: ARREGLO

Design: Yee-Haw Industries, www.yeehawindustries.com

ABCDEFGHIJKL**M**NOPQRSTUVWXYZ

MANCHETE

Termo que costuma associar-se ao jornalismo e à publicidade, usado para descrever um texto muito breve que aparece antes do **corpo de texto**, com informação sobre seu conteúdo. Por ser uma introdução ao texto, costuma-se escrever em tamanho maior ou com **tipografia** diferente à usada para o corpo. Nas manchetes, principalmente em jornais, são usadas maiúsculas ou uma combinação de maiúsculas e **versaletes**. Veja: **título**.

In: HEADLINE
Fr: CHAPEAU
Ger: SCHLAGZEILE
It: TITOLO
Es: TITULAR

Direção de Criação: Michael Fallone;
Direção de Design: Doug Bartow;
Design: Susan Merrick;
Empresa: id29, www.id29.com

MAPA DE BITS

No nível mais básico, um mapa de bits é uma grade retangular de pontos que criam uma imagem digital, como uma fotografia ou uma letra. Cada ponto se associa a uma cor concreta e com uma localização dentro da grade. Quanto mais pontos por polegada linear (ppi) existam, maior será a resolução do mapa de bits. O número de pontos de uma imagem de mapa de bits é fixo (ao contrário dos **desenhos vetoriais**), por isso é impossível visualizar ou imprimir a maior resolução que tenha o dispositivo de saída sem que apareça o efeito de serrilhamento das bordas. Também denominado *gráfico rasterizado*.

In: BITMAP
Fr: IMAGE MATRICIELLE
Ger: BITMAP
It: BITMAP
Es: MAPA DE BITS

A B C D E F G H I J K L **M** N O P Q R S T U V W X Y Z

MARCADOR

Caráter tipográfico (•) usado para marcar ou ordenar termos numa lista, ainda que também se use para separar linhas curtas sequenciais de **tipos**, como um endereço numa carta. Entre o marcador e o tipo deve-se deixar um espaço. Os marcadores geralmente estão inclusos nas fontes de **símbolos** e **dingbats**.

In: BULLET
Fr: PUCE
Ger: AUFZÄHLUNGSPUNKT
It: PUNTO ELENCO
Es: BOLO

MARGEM

Área reservada nos quatro extremos de uma página que emolduram o **corpo de texto** e as imagens em um **layout**. Alguns elementos, como os números de páginas, as notas de rodapé e legendas, são frequentemente impressos nas margens. As margens situadas ao longo da lombada de um livro, de uma publicação encadernada, chamam-se medianil ou margem da espinha.

In: MARGIN
Fr: MARGES
Ger: SEITENRAND
It: MARGINE/I
Es: MARGEN

Design: Donna S. Atwood, www.atwooddesign.com

A B C D E F G H I J K L **M** N O P Q R S T U V W X Y Z

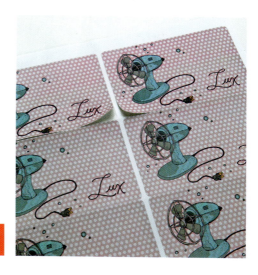

MATIZ

Característica básica de uma **cor** que corresponde ao seu ccmprimento de onda no espectro de luz e usada para distinguir uma cor da outra. O matiz é a posição relativa de uma cor na circunferência do **disco cromático**.

In: HUE
Fr: TEINTE
Ger: FARBTON
It: TONALITÀ
Es: MATIZ

Design: Donna S. Atwood, www.atwooddesign.com

MEIO CORTE

Tipo de troquelado usado para "figurinhas" ou decalques. O corte se realiza sobre o papel impresso sem alcançar o papel protetor, que permanece íntegro, permitindo que apenas as figurinhas ou decalques possam se separar dele.

In: KISS DIE CUT
Fr: DÉCOUPE PAR EFFLEUREMENT
Ger: ANSTANZUNG
It: ADESIVO CON FUSTELLA
Es: TROQUELADO DE MEDIO CORTE

Design: Sammy Black, www.luxcoffee.com/art/sammyblack/art/htm

A B C D E F G H I J K L **M** N O P Q R S T U V W X Y Z

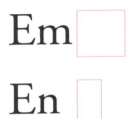

Em

En

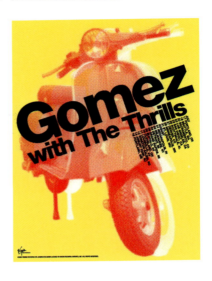

MEIO QUADRATIM

Unidade tipográfica correspondente à metade de uma largura **eme**. Veja: **travessão ene** e **espaço ene**.

In: EN
Fr: DEMI-CADRATIN
Ger: HALBGEVIERT
It: EN
Es: MEDIO CUADRATÍN

MEIO TOM

Imagem na **escala de cinza** na qual a gama de tom total se converteu em uma grade de pontos pretos minúsculos, ou *trama de meio tom*. As zonas mais escuras da imagem estão representadas por porções de pontos maiores que os utilizados para representar as zonas mais claras. Para simular o espectro de **cor** visível na **quadricromia**, combinam-se os meios tons correspondentes a cada **canal** de cor. O mesmo princípio pode ser ampliado, usando o meio tom para criar efeitos visuais interessantes.

In: HALFTONE
Fr: SIMILI
Ger: HALBTON
It: MEZZITONI
Es: MEDIO TONO

Design: Mike Joyce;
Empresa: Stereotype Design,
www.stereotype-design.com

METÁFORA

Descrição ou expressão de um tema por meio de outro. No design gráfico, as metáforas podem incluir componentes textuais, como quando uma linha de texto relaciona uma imagem com um conceito que não parece estar relacionado. Uma foto de uma floresta densa e ameaçadora pode combinar-se com um texto que diz: "procurando um seguro para o carro?". A ideia de que "há uma floresta aí fora" é intuída, inclusive sem o texto. As metáforas puramente visuais recorrem às associações mais aceitas entre uma ou mais imagens transferindo-as a outras. Isso costuma ser feito com a *fusão de imagens*, criadas mesclando duas ou mais imagens para facilitar a transferência de significado. As imagens de uma pluma e de uma arma, por exemplo, podem se unir para sugerir o poder da palavra escrita.

In: METAPHOR
Fr: MÉTAPHORE
Ger: METAPHER
It: METAFORA
Es: METÁFORA

Direção de Arte/Design: Gaby Brink, www.tomorrowpartners.com, e Joel Templin, Hatch Design, www.hatchsf.com

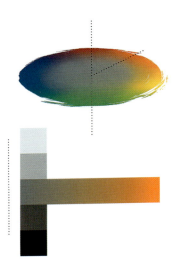

MINIATURA

Esboço ou amostra de pequeno tamanho e baixa qualidade que se utiliza para apresentar um conceito rapidamente. Usa-se nas primeiras etapas de um projeto como parte integrante do processo de design. Também pode se referir a imagens de pequeno tamanho e baixa **resolução** que servem como referências das versões de alta resolução. Por exemplo, uma galeria de imagens online pode mostrar um grande número de miniaturas em uma página web para uma melhor visualização e um carregamento de página mais rápido. Somente a presença das miniaturas já sugere ao usuário que existe uma versão em alta resolução à qual se acessa com um simples clique.

In: THUMBNAIL
Fr: CRAYONNAGE
Ger: DAUMENNAGELSKIZZE
It: THUMBNAIL
Es: MINIATURA

Direção de Arte: Tracy Holdeman;
Design: Casey Zimmerman; **Empresa:** Insight Design Communications, www.insightdesign.com

MODELO DE COR

Sistema de definição absoluta da **cor** (independentemente do dispositivo usado para sua visualização ou impressão) mediante uma quantidade mínima de componentes de cor que, ao serem ajustados, podem ser usados para criar um amplo espectro de cor. Existem diversos modelos de cor e os mais usados são o **RGB** e o **CMYK**. O modelo HSB utiliza características de cor associadas com o disco cromático tradicional: **matiz**, **saturação** e **luminosidade**. O modelo LAB se baseia nas coordenadas que se empregam em *colorimetria*. O modelo de cor não deve ser confundido com o espaço cromático, que é a gama de cor produzida por um dispositivo de visualização ou impressão dentro de um modelo específico de cor.

In: COLOR MODEL
Fr: MODÈLE COLORIMÉTRIQUE
Ger: FARBMODELL
It: MODELLO DI COLORE
Es: MODELO DE COLOR

Design: Timothy Samara, tsamara_designer@hotmail.com

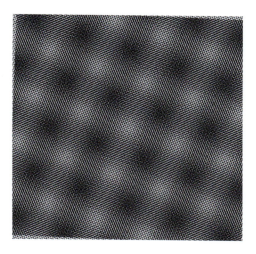

MODERNISMO

Conjunto de movimentos artísticos surgidos no transcorrer de 1907, como o **Cubismo** e sua rejeição às formas naturais em prol da abstração. Durante os últimos cem anos, o design modernista tem sido interpretado e reinterpretado no mundo todo, adotando uma grande variedade de formas, algumas mais relacionadas com a sua mitologia (por exemplo, uso estrito de **grades**, **tipos sem serifas**, uso generoso do **espaço branco** etc.) do que outras. Cada "regra" do Modernismo tem inúmeras exceções. No entanto, existem várias características comuns, como a importância da comunicação visual funcional ou o espírito, frequentemente otimista, com visão de futuro.

In: MODERNISM
Fr: MODERNISME
Ger: MODERNE
It: MODERNISMO
Es: MODERNISMO

Design: Alvin Lustig, www.alvinlustig.com
Cortesia de Elaine Lustig Cohen

MOIRÉ

Efeito indesejável que pode ocorrer quando as tramas de meio tom que se utilizam na **quadricromia** se alinham de maneira que um padrão evidente é percebido. Para evitar esse efeito, as tramas são inclinadas em ângulos específicos de relação entre elas, aparecendo rosetas **CMYK** que raramente são percebidas no trabalho final de impressão. Esse efeito também pode aparecer quando se escaneia digitalmente uma imagem sem utilizar a opção de *limpar irregularidades da trama*. Veja: **meio tom**.

In: MOIRÉ
Fr: MOIRÉ
Ger: MOIRÉ-EFFEKT
It: EFFETTO MOIRÉ
Es: MOARÉ

MONOCROMÁTICO

Paleta de cores composta por *tons* e **tintas** de um **matiz** único. Nas imagens monocromáticas, a variação tonal é representada nas diferenças de **saturação** e luminosidade. As imagens em **escala de cinza** são imagens monocromáticas com uma paleta de cores composta por cinza, branco e preto.

In: MONOCHROMATIC
Fr: MONOCHROMATIQUE
Ger: MONOCHROMATISCH (EINFARBIG)
It: MONOCROMATICO
Es: MONOCROMÁTICO

MONOESPAÇADA

Tipo de letra na qual todos os caracteres têm o mesmo espacejamento em seus lados. O **tipo** resultante se parece ao das máquinas de escrever.

In: MONOSPACED
Fr: CARACTÈRES À CHASSE CONSTANTE
Ger: DICKTENGLEICH
    (NICHTPROPORTIONALE SCHRIFT)
It: MONOSPAZIO
Es: MONOESPACIADA

MONTAGEM
Veja: **colagem** e **fotomontagem**.

A B C D E F G H I J K L **M N O** P Q R S T U V W X Y Z

Futura
Futura Oblique

Helvetica Neue
Helvetica Neue Oblique

MULTIMÍDIA

Sistema de comunicação no qual o conteúdo se apresenta de múltiplas maneiras. Um website, por exemplo, pode integrar texto (e hipertexto), imagens estáticas, áudio e vídeo *streaming* no mesmo lugar. Usa-se o termo também para definir aqueles dispositivos que podem mostrar conteúdos multimídia ou que permitem experiências interativas, como os vídeo games.

In: MULTIMEDIA
Fr: MULTIMÉDIA
Ger: MULTIMEDIA
It: MULTIMEDIA
Es: MULTIMEDIA

Design: Kate Benjamin, www.moderncat.net

OBLÍQUA

Normalmente são **tipos sem serifas**, inclinados à direita, formado por letras muito parecidas ao **tipo de letra** comum em que se baseia. O **itálico** também se inclina à direita, mas seu traço é totalmente transformado e costuma ser diferente dos tipos comuns nos quais se baseia.

In: OBLIQUE
Fr: OBLIQUE
Ger: SCHRÄG
It: CARATTERI OBLIQUE
Es: OBLICUA

A B C D E F G H I J K L M N **O P** Q R S T U V W X Y Z

ÓRFÃ

Uma ou duas linhas de um parágrafo que estão separadas do parágrafo principal em uma coluna de texto, situadas na parte inferior (se no início do parágrafo) ou na superior (se no final). As órfãs podem ser evitadas mediante diversas técnicas, como o ajuste de **entrelinhas** e a **partição silábica**. Veja: **viúva**.

In: ORPHAN
Fr: ORPHELINE
Ger: SCHUSTERJUNGE
It: ORFANO
Es: HUÉRFANA

PÁGINA DUPLA

Páginas duplas de uma publicação encadernada. Veja: **recto/verso**.

In: SPREAD
Fr: DOUBLE PAGE
Es: DOBLE PÁGINA

Direção de Arte/Design: Michael Ulrich, *STEP Inside Design*, v. 22, n. 5

ABCDEFGHIJKLMNO**P**QRSTUVWXYZ

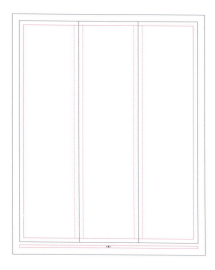

PÁGINA MESTRE

Layout que emprega os recursos de edição de páginas para assegurar a disposição correta da **grade**, **coluna** de texto, número de páginas e outros elementos de editoração, em um documento. Podem-se utilizar diferentes páginas mestras para um mesmo documento, segundo o estilo ou edição de cada seção. Quando se usam páginas mestras, a numeração de páginas se realiza de forma automática.

In: MASTER PAGE
Fr: PAGE TYPE
Ger: MUSTERSEITE
It: PAGINA MASTRO
Es: PÁGINA MAESTRA

Design: Donna S. Atwood, www.atwooddesign.com

PAGINAÇÃO

Numeração das páginas que indicam sua sequência correta em um livro ou outra publicação. Também utilizada como referência para o número total de páginas de uma publicação. Atualmente, tem um novo significado: a maneira de organizar e distribuir a informação nas páginas da web. Os blogs, por exemplo, podem paginar-se de maneira que se veja unicamente o primeiro parágrafo de uma publicação na página principal, ou de modo que se vejam apenas os dez primeiros comentários dessa publicação. Veja: **imposicionamento**.

In: PAGINATION
Fr: PAGINATION
Ger: PAGINIERUNG
It: IMPAGINAZIONE
Es: PAGINACIÓN

A B C D E F G H I J K L M N O **P** Q R S T U V W X Y Z

PÁGINAS ESPELHADAS

Páginas esquerdas e direitas em uma **página dupla**. Existem aplicações de edição como o Adobe InDesign® que permitem criar documentos em formato de página única ou em páginas espelhadas. Veja: **recto/verso**.

In:	FACING PAGES
Fr:	PAGES EN REGARD
Ger:	DOPPELSEITEN
It:	PAGINE AFFIANCATE
Es:	PÁGINAS ENFRENTADAS

Direção de Criação: Sean Adams, Noreen Morioka;
Design: Volker Dürre;
Empresa: AdamsMorioka, www.adamsmorioka.com

A B C D E F G H I J K L M N O **P** Q R S T U V W X Y Z

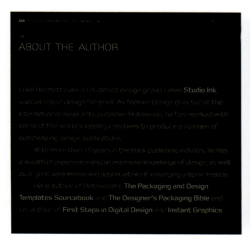 

PÁGINAS FINAIS

Seção de um livro que se segue ao texto principal como apêndices, bibliografias, glossários, notas etc. Também denominadas *páginas referencias*. Veja: **páginas iniciais**.

In: END MATTER
Fr: PARTIES ANNEXES
Ger: ANHANG
It: PAGINE FINALI
Es: PÁGINAS FINALES

PÁGINAS INICIAIS

Partes de um livro que precede ao texto principal, como a capa, *frontispício* (ilustração ou gravura na página oposta à capa), tabela de conteúdos, listas de números e tabelas, prefácio etc. Veja: **páginas finais**.

In: FRONT MATTER
Fr: PAGES LIMINAIRES
Ger: TITELEI
It: PAGINE INIZIALI
Es: PÁGINAS PRELIMINARES

A B C D E F G H I J K L M N O **P** Q R S T U V W X Y Z

Inch

Picas

PAICA

Unidade de medida tipográfica absoluta, equivalente a 12 **pontos**. Seis paicas americanas equivalem a 0,9936 polegadas, enquanto seis paicas *PostScript* equivalem a uma polegada. Um espaço de *paica* tem uma largura de 1/6 de polegada.

In: PICA
Fr: POINT PICA
Ger: PICA
It: PICA
Es: PICA

PALETA DE CORES

Conjunto de cores definidas por um determinado meio, como a paleta de 216 cores seguras para usar na web, ou por um designer ou artista, para um projeto específico. As paletas de cor sob medida costumam ser criadas usando as relações do **disco cromático**.

In: COLOR PALETTE
Fr: PALETTE DES COULEURS
Ger: FARBPALETTE
It: PALETTE DI COLORI
Es: PALETA DE COLORES

Design: Donna S. Atwood, www.atwooddesign.com

PAPEL ESTUCADO OU CUCHÊ
Veja: **cobertura à base d'água**.

PARTIÇÃO SILÁBICA
Veja: **H&J**.

A B C D E F G H I J K L M N O **P** Q R S T U V W X Y Z

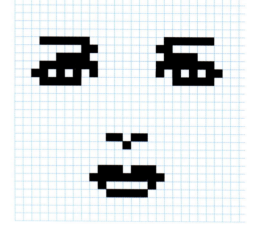

PICTOGRAMA

Ícone ou **símbolo** usado de modo que seu significado seja entendido apesar de barreiras linguísticas ou culturais. Os pictogramas eficientes formam parte de um sistema padronizado de pictogramas, regido por muitos acordos e padrões, como quando se cria uma coleção completa para os Jogos Olímpicos ou no caso dos sinais de trânsito reconhecidos mundialmente. Os sinais de retirada de bagagem que se usam nos aeroportos não são mais que ícones no contexto de um aeroporto ou outro terminal de viagem. Esse mesmo ícone poderia ser usado, por exemplo, em um portal da web no qual se vendam malas. Nesse caso, mesmo que seu significado como ícone seja o mesmo, seu significado como pictograma seria diferente.

In: PICTOGRAM
Fr: PICTOGRAMME
Ger: PIKTOGRAMM
It: PITTOGRAMMA
Es: PICTOGRAMA

PIXEL

Elemento básico usado por diversos dispositivos digitais para representar imagens. O nome *pixel* procede da combinação das palavras *picture* (imagem) e *element* (elemento). Os pixels se ordenam numa grade bidimensional na qual cada pixel é uma amostra do ponto correspondente na imagem original. A **resolução** de imagem é uma característica da densidade da grade. Para os dispositivos que usam o sistema de cor **RGB**, a cor de cada pixel corresponde aos valores numéricos do vermelho, verde e azul, estabelecidos a cada um deles.

In: PIXEL
Fr: PIXEL
Ger: PIXEL (BILDPUNKT)
It: PIXEL
Es: PÍXEL

Design: Donna S. Atwood, www.atwooddesign.com

A B C D E F G H I J K L M N O **P** Q R S T U V W X Y Z

48-point
36-point
24-point
18-point
14-point
12-point
10-point
8-point

PONTO/TAMANHO DO PONTO

Unidade absoluta de medida em **tipografia**. O tamanho do ponto refere-se ao tamanho dos tipos, que são medidos em pontos. Uma polegada contém 6 paicas e cada paica contém 12 pontos (1 pol = 6 pc = 72 pt). Entretanto, apesar do ponto ser uma medida absoluta o tamanho real de um **tipo**, em um determinado tamanho em pontos, pode variar conforme o tipo de letra. Isso acontece porque o tamanho em pontos era originalmente fixado não pelo tamanho do tipo propriamente, mas pela altura do bloco de metal nos quais eram moldados. Na tipografia digital essa relação entre tamanho de ponto e o tamanho do caractere é ainda menos objetiva. Veja: **paica**.

In: POINT/POINT SIZE
Fr: CORPS
Ger: PUNKT/PUNKTGRÖSSE
It: PUNTO/I/DIMENSIONI DEL PUNTO
Es: PUNTO/TAMAÑO DE PUNTO

PONTO FOCAL

Elemento do design que chama a atenção de imediato, determinando uma área por onde o **fluxo visual** começa. O ponto focal pode ser obtido de diversas maneiras, usando **cores**, **escala** e a própria **composição**. Anúncios publicitários, em particular, sempre procuram criar um único e inequívoco ponto focal.

In: FOCAL POINT
Fr: POINT CENTRAL
Ger: FOKUS
It: PUNTO FOCALE
Es: PUNTO FOCAL

Design: Timothy Samara, tsamara_designer@hotmail.com

ABCDEFGHIJKLMNO**P**QRSTUVWXYZ

PÓS-MODERNISMO

Ampla reação artística contra a abordagem dogmática do **Modernismo**, o Pós-Modernismo começou a tomar forma durante os anos 1960 e ganhou notoriedade internacional nos anos 1980. Enquanto os modernistas rejeitavam o passado, os pós-modernistas celebravam os estilos históricos e suas tendências decorativas, reinterpretando-os e combinando-os de maneiras inesperadas e muitas vezes divertidas. Características visuais incluem letras espacejadas, a disposição aparentemente aleatória dos elementos, colagens elaboradas, uma paleta de cores pastéis, entre muitas outras.

In: POST-MODERNISM
Fr: POSTMODERNISME
Ger: POSTMODERNE
It: POST-MODERNISMO
Es: POSTMODERNISMO

Design: William Longhauser Design, www.longhauser.com;
Cliente: The Goldie Paley Gallery, 1983

PROVA

Versão preliminar de um livro, anúncio, folheto ou qualquer outro impresso destinado à publicação. As provas servem a vários propósitos: da edição e revisão de textos e elementos gráficos até a objetivos promocionais, quando a prova de um livro é enviada a críticos antes da sua publicação. Costumavam ser páginas não refiladas e não encadernadas, mas atualmente provas eletrônicas já são extremamente comuns. Quando os **tipos** de metal fundido ainda eram usados, a **composição** da página era inicialmente feita numa bandeja metálica — bolandeira — antes de serem levados para a prensa. Por isso eram chamadas de prova de paquê. Provas de prelo ou provas digitais de pré-impressão são usadas para conferir detalhes como **cores** ou imagens.

In: PROOF
Fr: ÉPREUVES
Ger: KORREKTURABZUG
It: BOZZA/E
Es: PRUEBA

Design/Fotografia: Mario Trejo, www.mariotrejo.com

ABCDEFGHIJKLMNOP **Q** RSTUVWXYZ

Typography

QUADRATIM

É uma unidade de medida relativa igual ao tamanho em **pontos** do **tipo** usado. Para um tipo de 12 pontos, um quadratim será igual a 12 pontos. Para ser mais preciso, um quadratim corresponde à altura (ou corpo) da peça de um tipo de metal usado na impressão tipográfica. Um quadrado **eme** é uma peça de metal fundido usada como espaçador que mede 1 **eme** de altura por 1 **eme** de largura, usado para criar um **espaço eme**. Mas apesar de todos os corpos de um mesmo tamanho em pontos terem a mesma altura, as alturas das **letras** variam consideravelmente de tipo para tipo. Portanto, o quadratim ou **eme** é apenas vagamente relacionado com o tamanho real do tipo de uma **fonte** específica. E essa relação é ainda mais nebulosa quando trata-se de um tipo digital, quando não há nenhuma referência física. Veja: **travessão eme**, **espaço eme** e **paica**.

In: EM
Fr: CADRATIN
Ger: GEVIERT
It: EM
Es: CUADRATÍN

QUADRICROMIA

Técnica de impressão na qual se realiza uma aproximação ao espectro completo das cores mediante *telas de meio tom*, chamadas de *separações de cor*, para cada um das quatro cores do processo: ciano, magenta, amarelo e preto. Cada cor se imprime como um padrão de pequenos pontos de tamanho e densidade variáveis. Como as quatro cores do processo, ao combinar-se em duplas, criam as cores primárias aditivas (vermelho, amarelo e azul), que correspondem aos três tipos de receptores de luz presentes no olho humano, o efeito geral de cor total é muito bom. Veja: **CMYK** e **meio tom**.

In: FOUR-COLOR PROCESS
Fr: QUADRICHROMIE
Ger: VIERFARBDRUCK
It: PROCESSO A QUATTRO COLORI
Es: CUATRICROMÍA

Design: Donna S. Atwood, www.atwooddesign.com

ABCDEFGHIJKLMNOP**Q**RSTUVWXYZ

... and discipline, qualitative research can help designers understand the patterns of behavior as well as ...

... understand the patterns of behavior as well as the patterns of thinking that underlie people's daily lives— exactly the sort of information designers need to ...

... hours Wednesdays 11:00–1:00 & Thursdays 11:00– 12:00, or by appointment ...

... this can have an unintentional effect on the answers/ results you get back ...

That is the great American story:
▸ young people just like you, following
▸ their passions, determined to meet the
▸ times on their own terms. They weren't
▸ doing it for the money. Their titles
▸ weren't fancy: ex-slave, minister,
▸ student, citizen. But they changed the
▸ course of history — and so can you.

QUEBRA DE LINHA

Modo e lugar onde a linha de texto acaba para continuar na linha seguinte. As aplicações de editoração realizam quebras de linha após um espaço entre palavras, um **hífen** ou **travessões**, não obstante esses ajustes automáticos possam ser modificados. Para criar uma quebra de linha também se pode usar o recurso de quebra forçada, iniciando uma nova linha sem necessidade de começar um novo parágrafo (que tem algumas características especificas, como a **identação**). Veja: **H&J** e **ajuste de texto**.

In: LINE BREAK
Fr: SAUT DE LIGNE
Ger: ZEILENUMBRUCH
It: INTERRUZIONE DI LINEA
Es: SALTO DE LÍNEA

QUEBRA AUTOMÁTICA DE LINHA

Termo usado genericamente para descrever a maneira como as linhas de **tipos** automaticamente acabam e continuam nas linhas seguintes. A edição de uma linha de tipos geralmente faz com que as linhas anteriores e posteriores se reajustem. Mais específicamente, este termo descreve a forma como as linhas se encaixam ao redor de outros elementos, como fotografias, gráficos ou ilustrações. Veja: **H&J**.

In: TEXT WRAPPING
Fr: RETOUR À LA LIGNE AUTOMATIQUE
Ger: TEXTUMBRUCH
It: INVIO A CAPO AUTOMATICO
Es: AJUSTE DE TEXTO

Proper Registration

Misregistration

RECTO/VERSO

Termo usado para descrever as páginas à direita e à esquerda em um grupo de **páginas espelhadas**. A página da direita é o *recto* e a da esquerda é *o verso*. No sentido estrito, porém, o termo se refere aos lados opostos de uma mesma página, sendo o *recto* a parte frontal e o *verso*, a posterior.

In: RECTO/VERSO
Fr: RECTO VERSO
Ger: RECHTE/LINKE SEITE
(VORDER-/RÜCKSEITE)
It: RECTO/VERSO
Es: RECTO/VERSO

Design: Peter Shikany, Judy Smith;
Fotografia: Troy Aossey;
Empresa: P.S. Studios, www.psstudios.com

REGISTRO

Sobreposição exata de todas as camadas de tinta de um trabalho de impressão. Idealmente, cada aplicação sucessiva de tinta se sobrepõe à aplicação anterior e as diferentes **cores** se sobrepõem ou se encontram exatamente onde planejado. Na realidade, entretanto, pode haver variações devido ao movimento do papel ou problemas da impressora. Diz-se, então, que estão *fora de registro*. Os problemas de registro podem ser mitigados por meio de pequenas sobreposições encavaladas de áreas de cor (**trapping**) ou de **impressões sobrepostas**.

In: REGISTRATION
Fr: REPÉRAGE
Ger: REGISTERHALTIGKEIT
It: REGISTRO
Es: REGISTRO

A B C D E F G H I J K L M N O P Q **R** S T U V W X Y Z

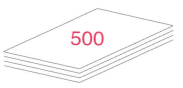

Paper Grade	Basic Size
Bond, ledger, writing	17″ × 22″
Uncoated book, text	25″ × 38″
Coated book	25″ × 38″
Cover	20″ × 26″
Bristol	22 ½″ × 28 ½″
Kraft, tag, newsprint	24″ × 36″

RELEVO SECO

Resultado da impressão sobre um papel posicionado entre duas matrizes metálicas, um com uma marca em positivo e o outro, em negativo. A impressão pode ser em *alto relevo* ou *baixo relevo*. Os melhores papéis para criar esse efeito são os de gramatura média, especialmente com acabamento texturizado. Muitas vezes, usam-se imagens ou estampados metálicos como recurso estético; sem os quais, passa a se chamar também de *relevo cego*.

In: EMBOSS
Fr: GAUFRAGE
Ger: PRÄGUNG
It: GOFFRATURA
Es: GOFRAR

Design: Igor Brezhnev, www.igorbrezhnev.com;
Produção: Impact Printing Services;
Fotografia: Natasha Mishano

RESMA

Conjunto de 500 páginas de um papel de uma determinada qualidade em seu tamanho básico. Apesar de existirem muitas medidas-padrão de páginas, o tamanho básico vem determinado unicamente pela qualidade do papel. Nos Estados Unidos, o tamanho básico do papel de escrita, de contas e de cartas é de 17x22 polegadas; o papel de capas tem um tamanho básico de 20x26 polegadas. A gramatura é o peso de uma resma de papel. Como a gramatura varia em função do tamanho básico do papel, dois papéis de qualidades diferentes e com a mesma gramatura podem ser diferentes quanto à espessura e ao peso. A espessura de uma folha é seu *calibre*. Os papéis com valor de calibre baixo também terão menos peso que os de calibre alto. O termo *volume específico* se usa para quantificar o calibre de um papel em relação ao seu peso.

In: REAM
Fr: RAME
Ger: RIES
It: RISMA
Es: RESMA

ABCDEFGHIJKLMNOPQ**R**STUVWXYZ

72 dpi   150 dpi   300 dpi

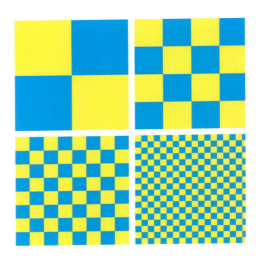

RESOLUCÃO

Qualidade relativa de uma imagem digital segundo o número de pontos por unidades de medida. O uso de diferentes termos para expressar a resolução muitas vezes é intercambiável. PPP, ou *pontos por polegada* (DPI – *dots per inch, em inglês*), é a medida relativa da qualidade de um dispositivo de impressão. PPI, ou pixels por polegada (*pixels per inch*), se usa para quantificar a resolução de um monitor ou de tela digital. LPI, ou linhas por polegada (*lines per inch*), é uma medida de frequência de **meios tons**. O alinhamento dos pontos é percebido como linha, quando impresso. Quanto maior a frequência de um trama de linha, mais detalhada será a imagem impressa. Os jornais usam tramas de linhas de 65-86 lpi, as revistas ilustradas costumam usar tramas de 133-150 lpi. Os livros de arte usam tramas mais finas, de até 300 lpi.

In:	RESOLUTION
Fr:	RÉSOLUTION
Ger:	AUFLÖSUNG
It:	RISOLUZIONE
Es:	RESOLUCIÓN

RETÍCULA

Método de aproximação das **cores** verdadeiras de uma imagem digital mediante a utilização das cores disponíveis em uma **paleta de cores** determinada. Para converter uma imagem digital colorida em cores ajustadas para a web *(web safe colors)*, usa-se um conjunto específico de 216 cores (*a paleta de cores seguras para a web*) que ajusta as cores da imagem original. Esse processo se realiza por meio de um mosaico, que pode ser de **pixels** (para monitores de computadores) ou de pontos (para impressoras digitais). Apesar de se perder nitidez no processo, ele pode ser muito útil para suavizar as bordas serrilhadas que podem aparecer ao longo dos campos de cores adjacentes.

In:	DITHER
Fr:	TRAMAGE ALÉATOIRE
Ger:	DITHERING
It:	RETINO
Es:	DIFUMINADO

Design: Donna S. Atwood, www.atwooddesign.com

ABCDEFGHIJKLMNOPQ **R** STUVWXYZ

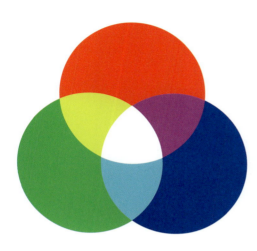

RGB

Sigla em inglês para "vermelho, verde e azul" (*red, green, blue*), as cores usadas para mostrar gráficos nos monitores ou dispositivos digitais. O vermelho, o verde, e o azul são as chamadas *cores primárias aditivas* e, combinadas na mesma proporção, formam o branco. Correspondem aos três receptores de luz do olho humano. Veja: **CMYK**.

In: RGB
Fr: RVB
Ger: RGB
It: RGB
Es: RGB

Design: Donna S. Atwood, www.atwooddesign.com

RIOS

Espaços verticais que aparecem em um bloco de texto como resultado de um alinhamento vertical dos espaços entre as palavras, o que provoca uma distração visual. Os rios aparecem com mais frequência em blocos de textos justificados, devido ao espaçamento forçado criado pelo software. A melhor maneira de eliminar ou reduzir o impacto dos rios é juntar as linhas de tipo por meio do *tracking* ou da **separação silábica**. Veja: **H&J** e **ajuste de texto**.

In: RIVERS
Fr: LÉZARDES
Ger: GIESSBÄCHLEIN
It: CANALETTI
Es: CALLE

Design: Donna S. Atwood, www.atwooddesign.com

A B C D E F G H I J K L M N O P Q **R** S T U V W X Y Z

RITMO

Repetição visual criada por meio de padrões estruturais subjacentes localizados nos vários elementos de design, como o **tipo**, as **linhas** e as formas. Uma única linha de tipos, por exemplo, poder ter um ritmo próprio devido às suas hastes verticais criado por meio de um entreletras cuidadoso. Os cartazes ou as capas de livros costumam usar padrões geométricos para criar um ritmo estável sobre o qual colocam-se elementos surpresa. Em uma escala ainda maior, as **grades** são usadas para criar um ritmo que conduza o leitor suavemente em uma publicação longa.

In: RHYTHM
Fr: RYTHME
Ger: RHYTHMUS
It: RITMO
Es: RITMO

Design: Tanner Woodford, www.tannerwoodford.com

A B C D E F G H I J K L M N O P Q R **S** T U V W X Y Z

SANGRIA

Porção do elemento de design, como uma imagem impressa, linha de tipos, campo de **cor** etc., que se estende além do tamanho da página. O pontilhado é usado para indicar o tamanho da página, qualquer coisa impressa fora dessa delimitação a "sangrará". O tamanho requerido para a sangria dependerá da precisão da impressão e do equipamento de refile.

In: BLEED
Fr: FONDS PERDUS
Ger: BESCHNITT
It: STAMPA AL VIVO
Es: IMPRIMIR "A SANGRE"

Design: Kate Benjamin, www.moderncat.net

SATURAÇÃO

Pureza de uma **cor** em relação à quantidade de cinza que contém. Os **matizes** puros estão completamente saturados e são vivos. Ao diminuir os níveis de saturação, a cor se apaga, apesar de manter o mesmo matiz. Pode-se diminuir a saturação de uma cor adicionando o cinza ou mesclando-a a uma pequena porção de sua **cor complementar** (criando tons). Também denominada *croma*. Veja: **cor**.

In: SATURATION
Fr: SATURATION
Ger: SÄTTIGUNG
It: SATURAZIONE
Es: SATURACIÓN

Design: Donna S. Atwood, www.atwooddesign.com

Caslon
Playbill
Georgia
Didot

SERIFAS

Pequenos remates no extremo das hastes principais de um caractere. Serifas também se referem ao vasto grupo de tipos que possuem serifas em sua estrutura, diferenciando-se dos tipos chamados *sans serif*. As serifas ajudam na leitura dos tipos, sobretudo em tamanhos pequenos, em parte porque permitem que olho distinga com facilidade uma letra da outra. As serifas se originaram na Roma antiga, ainda que os detalhes da sua origem sejam um tema de debate: há quem sugira que se originaram com artesãos que as usavam para refinar as hastes das letras entalhadas, enquanto outros sugerem que foram adornos criados pelos pincéis usados para delimitar as letras antes do entalhe. Veja: **tipo sem serifas**.

In: SERIF
Fr: EMPATTEMENT
Ger: SERIFE
It: CARATTERI CON GRAZIE
Es: SERIFA

SERIGRAFIA

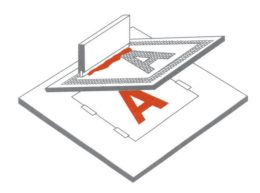

Também conhecida como *silk screen,* é o processo de impressão no qual a tinta passa através de uma tela muito fina à superfície do material de impressão, como papel ou tecido. Para determinar as áreas da superfície que receberão a tinta, usa-se um molde que pode ser feito de outro material ou selando as partes da tela com uma emulsão plástica. O uso mais comum da serigrafia é a produção de roupas, ainda que também se use para imprimir sobre superfícies irregulares.

In: SCREEN PRINTING
Fr: SÉRIGRAPHIE
Ger: SIEBDRUCK
It: SERIGRAFIA
Es: SERIGRAFÍA

A B C D E F G H I J K L M N O P Q R **S** T U V W X Y Z

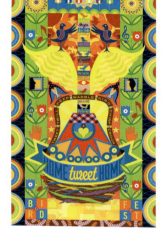

SÍMBOLO

Signo gráfico que representa outra coisa que efetivamente mostra. Em muitas culturas, por exemplo, uma simples ilustração de um coração, principalmente em vermelho, simboliza afeto e amor. O signo não representa literalmente o amor, de fato nem sequer é um coração real. Mas, como seu significado é compreendido universalmente, serve como elemento de comunicação. Do mesmo modo, a cruz vermelha leva uma carga de significado que pode ser entendida em quase todos os idiomas, superando as barreiras culturais, mas isso acontece porque há um concenso entre os usuários do signo quanto ao seu significado. Veja: **ícone** e **pictograma**.

In: SYMBOL
Fr: SYMBOLE
Ger: SYMBOL
It: SIMBOLO
Es: SÍMBOLO

SIMETRIA

Distribuição regular dos elementos ao longo de um eixo específico, que pode ser vertical ou horizontal. Layouts simétricos se organizam de maneira que os elementos se distribuam mais ou menos regularmente de cima para baixo, ou da esquerda para a direita, pelo que costumam a ser mais conservadores, proporcionando uma estabilidade maior que as maquetes assimétricas. Veja: **assimetria**, **equilíbrio** e **fluxo visual**.

In: SYMMETRY
Fr: SYMÉTRIE
Ger: SYMMETRIE
It: SIMMETRIA
Es: SIMETRÍA

Direção de Arte: Hayes Henderson;
Design/Ilustração: Kris Hendershott;
Empresa: HendersonBromsteadArt;
www.hendersonbromsteadart.com

ABCDEFGHIJKLMNOPQR**S**TUVWXYZ

Several recent studies³…

¾ × ½ = ⅜

$A^2 + B^2 = C^2$

Tuesday, July 4th

SISTEMA DE AJUSTE DE COR

Variedade de referências-padrão usadas para uma especificação precisa de **cores**, que costumam apresentar-se em forma de tabelas ou amostras de cores com diferentes designações numéricas. Os designers usam essas designações para assegurar que as cores usadas num projeto sejam "traduzidas" corretamente na fase de impressão. Para alcançar um ajuste de cor preciso, deve-se conhecer o sistema que o dispositivo de impressão utiliza.

In: COLOR-MATCHING SYSTEM
Fr: SYSTÈME D'ASSORTIMENT DES COULEURS
Ger: FARBKENNZEICHNUNGSSYSTEM
It: SISTEMA DI COMBINAZIONE DEI COLORI
Es: SISTEMA DE AJUSTE DEL COLOR

Mostruário de cores por cortesia de Trumatch, www.trumatch.com

SOBRESCRITO

Caracteres de escala específica, menores que o texto principal. A localização dos sobrescritos, também chamados de *superiores*, depende de sua finalidade. Quando são números que indicam o rodapé ou o numerador de uma fração, os sobrescritos se alinham pela parte superior da *linha ascendente*. Em expressões matemáticas ou científicas, o alinhamento é central. Do mesmo modo, raramente são usadas letras em caixa baixa como sobrescritos. Em português, os ordinais usados para representar sequências ou posições são apresentados com sobrescritos (por exemplo, 1º, 2º 34ª, 89ª,…).

In: SUPERSCRIPT
Fr: EXPOSANT
Ger: HOCHGESTELLTE SCHRIFTZEICHEN
It: APICE/I
Es: SUPERÍNDICE

A B C D E F G H I J K L M N O P Q R **S** T U V W X Y Z

$$4Na + O_2 \rightarrow 2Na_2O$$

SUBSCRITO

Caractere de tamanho menor que o texto principal, normalmente centralizado pela **linha de base**. Usa-se em anotações matemáticas e fórmulas científicas. Os subscritos criados a partir de versões reduzidas dos caracteres padrão terão um peso menor que os tipos do restante de texto, o que pode distrair a atenção do leitor. Por essa razão, os tipógrafos e designers preferem usar fontes especiais com caracteres subscritos e sobrescritos especialmente desenhados para ajustarem-se aos outros carateres.

In: SUBSCRIPT
Fr: INDICE
Ger: TIEFGESTELLTE SCHRIFTZEICHEN
It: PEDICE/I
Es: SUBÍNDICE

SUBTÍTULO

Título de um nível menor que se usa para quebrar um texto longo em diferentes seções, mostrando a organização de sua estrutura e **hierarquia**. A composição dos subtítulos de uma publicação (tamanho, **cor**, **tipo de letra** e localização) deve refletir o grau de semelhança ou diferença entre um nível e o "superior" ou "inferior" a ele. Por exemplo, se os *subtítulos de nível A* são usados para nomes de cidades principais e os *subtítulos de nível B*, para as categorias de dados do censo, é melhor que sejam diferentes.

In: SUBHEAD
Fr: INTERTITRE
Ger: UNTERTITEL
It: SOTTOTITOLO
Es: SUBTÍTULO

A B C D E F G H I J K L M N O P Q R **S T** U V W X Y Z

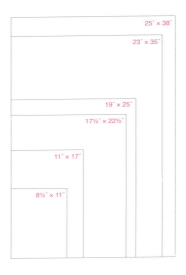

SURREALISMO

Movimento artístico europeu (1929-1930) que concebia a intuição, os sonhos e o inconsciente mediante justaposições surpreendentes ou inquietantes, ilusões ópticas e violações óbvias das leis da física. Os designers gráficos se inspiraram tanto nas técnicas surrealistas como na experimentação da representação do espaço tridimensional.

In: SURREALISM
Fr: SURRÉALISME
Ger: SURREALISMUS
It: SURREALISMO
Es: SURREALISMO

Design: Donna S. Atwood, www.atwooddesign.com

TAMANHO DA FOLHA

A grande maioria dos países adota o padrão ISO, que é baseado no padrão DIN (*Deutsche Industrie – Normen*), para padronizar o aproveitamento do papel usando a chamada *série A* como forma de racionalizar o corte da folha. O tamanho mais conhecido é o A4 (210 x 297 mm) e a série abrange desde o tamanho A0 (841 x 1.189 mm) até o A12 (13 x 18 mm). Na indústria gráfica, os padrões mais comuns são os formatos AA (760 x 1120 mm) e o BB (660 x 960 mm), considerando suas frações.

In: SHEET SIZES
Fr: FORMAT DE FEUILLE
Ger: BOGENGRÖßEN
It: FORMATI DEI FOGLI
Es: TAMAÑO DE HOJA

TAMANHO DO PAPEL
Veja: **tamanho da folha**.

A B C D E F G H I J K L M N O P Q R S **T** U V W X Y Z

TEXTO CENTRALIZADO

Caracterizado por linhas sucessivas de **tipo** alinhadas de modo que o ponto médio de cada linha se localize seguindo uma mesma linha de referência. É usado em cartões de visita, convites e outros materiais com pouco texto, já que requer uma forma de leitura pouco natural. Veja: **alinhamento**.

In: CENTERED TYPE/TEXT
Fr: TEXTE CENTRÉ
Ger: MITTELACHSSATZ
It: TESTO/CARATTERI CENTRATI
Es: TEXTO O TIPO CENTRADO

Direção de Criação: Peter Shikany, Judy Smith;
Empresa: P.S. Studios, www.psstudios.com

110

ABCDEFGHIJKLMNOPQRS**T**UVWXYZ

Giatuer sed endre feu faccummy niatem dolortin henit, quisim velisim nulland reetum delent iure vel dolobor erostis molorem volorem nullaorpero coreet autat. Ut luptatue eui bla ad modiamet ing enit loborperos adiamet incillaortis num quat laor se modiam nim nisisl ipisi bla facip esequate essim dolut in ute vel utat amconse quisit lut prat.

Irit, vulluptat vel delese magniam, cor sequam ing ex enit at wis adiamet, conse tem init luptatuerat, corper at, vel etum zzriure magnim nullut adit alismolobore tionsequat.

TEXTO FALSO

Texto sem sentido, ou simulado, que se usa em edição como marcador do volume de texto. O termo *greeking* também faz referência ao modo como alguns softwares de editoração representam os textos na tela, utilizando linhas cinzas para representar linhas de tipo muito pequenas para visualização. Também chamado *Loren Ipsum*.

In: GREEKING
Fr: FAUX TEXTE
Ger: BLINDTEXT
Es: GREEKING

TEXTO JUSTIFICADO

Termo usado para descrever linhas de **tipos** sucessivas que começam em um mesmo ponto, seguindo uma linha de referência imaginária, e que acabam também no mesmo ponto sobre outra linha imaginária. Tecnicamente, todas as linhas de tipos são justificadas, já que cada linha se completa por toda a sua extensão com uma combinação de caracteres e espaços. O termo é usado inclusive para os casos nos quais se acrescentam espaços entre palavras, movendo o tipo para ambos os extremos de sua largura. Essa ocorrência de justificação pode criar vazios chamados **rios**, que atravessam os blocos tipográficos. Veja: **alinhamento** e **H&J**.

In: JUSTIFIED TYPE/TEXT
Fr: TEXTE JUSTIFIÉ
Ger: BLOCKSATZ
It: TESTO/CARATTERI GIUSTIFICATI
Es: JUSTIFICACIÓN

Design: Mike Joyce;
Empresa: Stereotype Design,
www.stereotype-design.com

ABCDEFGHIJKLMNOPQRS**T**UVWXYZ

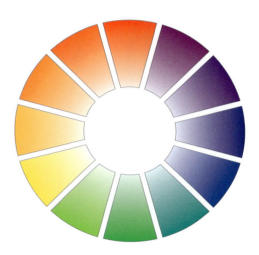

TEXTURA

Qualidade tátil que é percebida de alguns elementos de design ou de um **layout**. Usado principalmente para descrever atributos tridimensionais, como a superfície do papel, também pode descrever as mesmas qualidades em obras de desenho bidimensionais. Por exemplo, existem diferentes modelos e gradientes que proporcionam uma sensação de textura, ainda mais quando se colocam em **contraste** com elementos lisos e uniformes. Algumas técnicas de impressão, como a xilografia, também proporcionam textura. Inclusive uma página de **tipos**, com seus **ritmos** verticais e horizontais, têm certa textura segundo a composição do tipo. Quando a textura é regular dentro de uma página ou layout, o tipo tem o que os tipógrafos chamam "boa **cor**" tipográfica.

In: TEXTURE
Fr: TEXTURE
Ger: STRUKTUR
It: TEXTURE
Es: TEXTURA

Design: Eric Kass; **Empresa:** Funnel, www.funnel.tv

TINTA

Termo usado para a **cor** criada acrescentando branco a um matiz, isto é, variando sua **luminosidade**. Do mesmo modo, pode-se escurecer uma cor matizando-a com preto. O termo é empregado também para expressar a densidade de pontos das *tramas de médio tom* usadas para a quadricromia. Se uma trama de ciano for coberta por 60% de pontos, diz-se que tem uma tinta de 60%.

In: TINT
Fr: COULEUR DE FOND
Ger: TÖNUNG
It: TINTA
Es: TINTE

Design: Donna S. Atwood, www.atwooddesign.com

ABCDEFGHIJKLMNOPQRS**T**UVWXYZ

TIPO

Conjunto de caracteres ordenados de modo que possam ser lidos tanto impressos como na tela. O termo também é usado em referência às fontes usadas para criar tipos, coma na frase "Os tipos metálicos se guardavam em caixas...". Veja: **composição tipográfica** e **tipografia**.

In: TYPE
Fr: CARACTÈRES
Ger: SCHRIFT
It: SEQUENZA DI CARATTERI
Es: TIPO

Direção de Criação: Michael Fallone;
Direção de Design: Doug Bartow;
Design: Bryan Kahrs;
Empresa: id29, www.id29.com

ABCDEFGHIJKLMNOPQRS T UVWXYZ

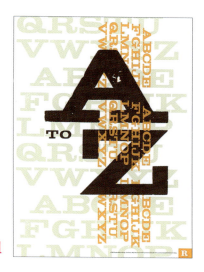

Futura
Futura condensed

American Typewriter
American Typewriter condensed

TIPO CONDENSADO

Tipo em que as letras são mais estreitas que a versão normal ou regular da mesma tipografia e ajustadas mais próximas uma das outras, permitindo que o espaço se preencha com mais tipos. É o tipo mais usado em títulos, cartazes etc., em que os textos são breves, já que ao usá-los a legibilidade é ligeiramente reduzida.

In: CONDENSED TYPE
Fr: CONDENSÉ
Ger: SCHMALE SCHRIFT
It: CARATTERI CONDENSATI
Es: LETRA CONDENSADA

TIPO DE LETRA

Conjunto de caracteres que compartilha características de design, como o *peso das hastes*, proporções, a presença ou ausência de **serifas**, remates etc. Um tipo de letra é constituído por letras (frequentemente em *caixa alta* e *caixa baixa*), algarismos e uma grande quantidade de **símbolos** (tipográficos, matemáticos etc.). Geralmente, confundem-se os termos *tipo de letra* e **fonte**. O tipo de letra define o aspecto geral do design dos caracteres, enquanto as fontes são os meios de produção, que podem ser mecânicos, fotomecânicos ou digitais.

In: TYPEFACE
Fr: POLICE
Ger: SCHRIFTTYPE
It: CARATTERE/I
Es: TIPO DE LETRA

Design: Rowan Moore-Seifred;
Empresa: DoubleMRanch Design,
www.doublemranch.com

A B C D E F G H I J K L M N O P Q R S **T** U V W X Y Z

TIPO EM NEGATIVO/INVERTIDO

Tipo criado mediante a aplicação de tinta às áreas ao redor e interior de um caractere em vez de fazê-lo sobre os traços normais, ou seja, o tipo resultante é da cor do papel usado, não da tinta. Pode-se obter o mesmo efeito nos monitores de computador usando a mesma cor de tipo e de fundo e contrapondo o tipo a um campo de outra cor. O peso dos tipos de cores claras parece diminuir quando se coloca contra um fundo escuro, razão pela qual deve-se usar um **tipo de letra** maior e mais pesado para manter a **legibilidade**.

In: REVERSE/REVERSE OUT
Fr: INVERSION
Ger: NEGATIVE SCHRIFT
It: REVERSE/REVERSE OUT
Es: TIPO EN NEGATIVO

Design: Firebelly Design, www.firebellydesign.com

TIPO MANUSCRITO

Tipo de letra que simula a escrita à mão. Embora proporcione aos textos um toque pessoal e elegante, deve-se usá-lo com moderação e unicamente dentro de um contexto adequado. Os textos longos escritos com esse tipo de letra podem cansar o leitor.

In: SCRIPT TYPE
Fr: CURSIVE
Ger: SCHREIBSCHRIFT
It: CARATTERI INFORMALI
Es: SCRIP TYPE

Design: Eric Kass;
Empresa: Funnel, www.funnel.tv

A B C D E F G H I J K L M N O P Q R S **T** U V W X Y Z

Impact
Gill Sans
Lithos
Optima

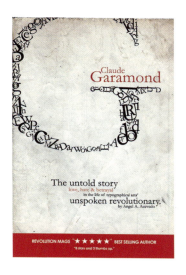

TIPO SEM SERIFAS

Tipo de letras sem **serifas**, os pequenos remates que dão acabamento ao final das hastes principais dos caracteres. Também chamadas *sans serif*. Em comparação aos tipos de letras com serifas, os sem serifas têm um contraste menor entre as hastes finas e grossas, o que melhora a **legibilidade** de um **tipo** na tela do computador.

In: SANS SERIF
Fr: CARACTÈRES SANS EMPATTEMENTS
Ger: SERIFENLOS
It: CARATTERI SENZA GRAZIE
Es: PALO SECO

TIPOGRAFIA

Arte e ciência da **composição tipográfica**, assim com o resultado prático desse trabalho. Os tipógrafos lidam com um grande número de aspectos, desde os gerais, como a **legibilidade** de um texto, até os mais complexos, como o **kerning** e a estética da forma das letras. Embora as tecnologias digitais facilitem esse trabalho, os tipógrafos continuam cuidando de todos os detalhes de refinamento, como quando se usavam tipos metálicos ou a *fototipia*.

In: TYPOGRAPHY
Fr: TYPOGRAPHIE
Ger: TYPOGRAFIE
It: TIPOGRAFIA
Es: TIPOGRAFÍA

Design: Angel A. Acevedo, www.angelaacevedo.com

ABCDEFGHIJKLMNOPQRS**T**UVWXYZ

Baskerville

Caslon

Garamond

Times New Roman

TIPOS PARA TÍTULO

Característica de um **tipo** que o torna mais adequado à composições em tamanhos maiores, distinguindo-o do texto principal, como as usadas em títulos e manchetes.

In: DISPLAY TYPE
Fr: CARACTÈRES DE TITRE
Ger: AUSZEICHNUNGSSCHRIFT
It: CARATTERI DI VISUALIZZAZIONE
Es: TIPO TITULAR

Design: Sean Adams, Chris Taillon;
Empresa: AdamsMorioka, www.adamsmorioka.com

TIPOS ROMANOS

O termo *romano*, ou *redondo*, é usado para descrever a versão normal de um **tipo de letra** em posição vertical, com ou sem **serifas**, para distingui-lo da versão itálica ou oblíqua do mesmo tipo. Também descreve os tipos com serifas cujas origens remontam à Roma antiga e à Itália do século XV.

In: ROMAN TYPE
Fr: CARACTÈRES ROMAINS
Ger: ANTIQUA
It: CARATTERI ROMAN
Es: REDONDA

A B C D E F G H I J K L M N O P Q R S T U V W X Y Z

Tracking
(Tracking = -50)

Tracking
(Tracking = 0)

Tracking
(Tracking = +50)

TÍTULO

Recurso tipográfico usado para dividir um texto longo em suas principais seções, como os capítulos de um livro ou as seções de um folheto ou relatório. Feitos geralmente em maiúsculas ou mediante uma combinação de maiúsculas (versais) e versaletes. Os subtítulos são usados para subdividir ainda mais um texto segundo sua estrutura organizacional.

In: HEADING
Fr: TITRE
Ger: ÜBERSCHRIFT
It: TESTATINA
Es: TÍTULO

Direção de Arte/Design: Michael Ulrich, *STEP Inside Design*, v. 22, n. 5

TRACKING

Medida do ajuste do espaçamento geral dos caracteres em uma linha de texto. Ao aumentá-lo, amplia-se o espaçamento da linha, acrescentando os espaços entre os caracteres. Diminuindo o *tracking*, produz-se o efeito contrário. O **entreletras** se refere ao espaçamento específico entre caracteres de uma palavra, ao passo que o *tracking* controla o aspecto geral desses espaçamentos.

In: TRACKING
Fr: APPROCHE DE GROUPE
Ger: SPERREN
It: TRACKING
Es: TRACKING

Misregistration with no trap

Trap: 100%M, 40%C (size exaggerated)

TRAPPING

Técnica aplicada para evitar vazios entre áreas de **cores** quando o **registro** não é correto. Se, por exemplo, se imprimisse uma cor magenta contra um fundo de ciano, o que ficasse fora do registro seria um vazio entre o tipo e o fundo, e se veria o branco do papel por baixo. *Trapping* é um contorno de cor muito fina, nesse caso uma combinação de magenta e ciano, colocada ao redor do objeto para evitar vazios. Há diversos tipos de *trapping*, cada um adequado a uma situação de impressão concreta. O profissional mais habilitado para aplicar o *trapping* é o incumbido da impressão, mas também o designer deve prever essas situações e adequar os elementos gráficos do seu layout. Veja: **registro**.

In: TRAPPING
Fr: GROSSI-MAIGRI
Ger: ÜBERFÜLLUNG
It: TRAPPING
Es: REVENTADO

TRAVESSÃO EME

Travessão da largura de um **eme** usado para criar pausa numa linha de texto, e também para destacar uma frase incidental. Não há uma regra definida quanto ao uso de um espaço antes e depois de um travessão **eme**, apesar da maioria das publicações preferirem não usar espaços. Veja: **travessão ene** e **hífen**.

In: EM DASH
Fr: TIRET CADRATIN
Ger: GEVIERTSTRICH
It: LINEETTA EM
Es: RAYA

Typography

TRAVESSÃO ENE

Travessão da largura de meio quadratim ou um **ene** usado no lugar das palavras *para* (por exemplo, 2h – 3h) e *até* (por exemplo, março – junho). Assim como o travessão **eme**, sua utilização varia de acordo com o uso de espaços antes e depois. Alguns tipógrafos e designers preferem usar espaços, os quais podem ser cuidadosamente ajustados usando o **kerning**. Veja: **travessão eme** e **hífen**.

In: EN DASH
Fr: TIRET DEMI-CADRATIN
Ger: DIVIS
It: LINEETTA EN
Es: SEMIRRAYA

TUDO EM MAIÚSCULAS

Termo usado para descrever uma composição com **tipos** unicamente em *caixa alta*, chamadas assim porque os tipos metálicos usados para sua impressão se guardavam nas gavetas (ou *caixas*) mais altas, enquanto os tipos para as letras em *caixa baixa*, mais usados, eram guardados nas gavetas baixas, mais acessíveis. As letras em *caixa baixa* também podem ser chamadas de minúsculas.

In: ALL CAPS
Fr: TOUT EN CAPITALES
Ger: VERSALIEN
It: TUTTE MAIUSCOLE
Es: ALL CAPS

Direção de Arte: Brian Adducci;
Design: Michelle Hyster;
Exemplar: Russ Stark;
Impressão: Studio On Fire;
Empresa: Capsule, www.capsule.us

VALOR
Veja: **luminosidade**.

A B C D E F G H I J K L M N O P Q R S T U **V** W X Y Z

VERNIZ

Revestimento transparente aplicado ao papel, geralmente após a impressão. Como outros tipos de revestimento, protege na manipulação, ainda que se use com fins estéticos, já que confere brilhos diferentes, desde o fosco até o brilhante. Quando o verniz se aplica unicamente em áreas específicas, chama-se *verniz com reserva* e, quando se aplica na página inteira, chama-se *verniz total* ou *verniz anti-decalque*, quando uma fina camada é aplicada a toda a folha para prevenir que a tinta impressa grude na folha seguinte.

In: VARNISH
Fr: VERNIS
Ger: LACKIERUNG
It: VERNICE
Es: BARNIZ

A B C D E F G H I J K L M N O P Q R S T U **V** W X Y Z

VERNIZ UV

Processo de aplicação de um polímero líquido a um papel, no momento da impressão ou após esta, e posterior secagem por meio da luz ultravioleta. Em comparação com os revestimentos aquosos, os ultravioleta (ou UV) oferecem maior brilho e melhor proteção contra riscos ou danos produzidos pela manipulação; não obstante, possam rachar com facilidade. Esse tipo de revestimento é normalmente aplicado a zonas específicas do trabalho impresso, como *máscaras* ou *reservas* de verniz ou quando cobrem toda a página. Veja: **verniz**.

In: ULTRAVIOLET COATING
Fr: VERNIS UV
Ger: UV-LACK
It: FINITURA A ULTRAVIOLETTI
Es: REVESTIMIENTO ULTRAVIOLETA

Design: Tim Jarvis;
Empresa: The Profission Partnership, www.profission.com

VERSALETES

Letras maiúsculas de proporções e espessura compatíveis com as minúsculas de um **tipo de letra**. Usam-se pela mesma razão dos números em *caixa baixa*: são menos chamativos e não agridem tanto a cor do texto. Se for necessário escrever um acrônimo dentro de uma frase, o uso de maiúsculas seria uma distração. Outra vantagem dos versaletes é que suas dimensões proporcionam melhor legibilidade, inclusive em tamanho pequeno.

In: SMALL CAPITALS/CAPS
Fr: PETITES CAPITALES
Ger: KAPITÄLCHEN
It: MAIUSCOLETTI
Es: VERSALITA

VERSO
Veja: **recto/verso**.

A B C D E F G H I J K L M N O P Q R S T U **V** W X Y Z

So, first of all, let me assert my firm belief that the only thing we have to fear is fear itself — nameless, unreasoning, unjustified terror which paralyzes needed efforts to convert retreat into advance. In every dark hour of our national life, a leadership of frankness and of vigor has met with that understanding and support of the people themselves which is essential to victory. And I am convinced that you will again give that support to leadership in these critical days.

VITORIANO

Estilo arquitetônico inglês, decorativo e rebuscado, muito popular na Europa e Estados Unidos entre 1820-1900. Esse estilo, cujo nome faz referência a rainha Vitória, é uma resposta à Revolução Industrial e aos excessos da transformação da produção artesanal em produção de massa. Os avanços tecnológicos superaram as habilidades técnicas de designers e tipógrafos e, como resultado, surgiu uma combinação caótica de estilos de diferentes períodos. No início da época vitoriana, misturavam-se, numa mesma composição, tipos de estilos e tamanhos diferente, desproporcionados e de traços grossos, chamados *Fat* Face, juntamente com ilustrações toscas, e usavam-se tipos de estilos e tamanhos diferentes, criando um aspecto conturbado. No final desse período, começou-se a usar um estilo mais claro e sofisticado.

In: VICTORIAN
Fr: STYLE VICTORIEN
Ger: VIKTORIANISCHER STIL
It: STILE VITTORIANO
Es: VICTORIANO

VIÚVA

Linha final de um parágrafo muito curto, às vezes formada unicamente por uma palavra, criando a sensação de um espaço artificial entre parágrafos que, na realidade, não existe. Semelhante às **órfãs**, as viúvas podem ser evitadas mediante várias técnicas, como o ajuste no **entreletras** e a **partição silábica**. Veja: **H&J** e **ajuste do texto**.

In: WIDOW
Fr: VEUVE
Ger: WITWE
It: VEDOVA
Es: VIUDA

Índice de termos

PORTUGUÊS

ajuste de texto, 14
algarismos alinhados, 14
algarismos estilo antigo, 15
alinhamento à esquerda/alinhamento à direita, 16
alinhamento visual, 16
alinhamento, 15
altura das maiúsculas, 17
altura-de-x, 17
animação, 18
apóstrofo, 18
art déco, 19
art nouveau, 19
arts and crafts, 20
ascendente, 20
aspas, 21
assimetria, 21
banco de imagens/fotos, 22
bandeira/franja, 22
bauhaus, 23
bicromia, 23
bold/negrito, 24
borda, 24
branding, 25
brochura sem costura ou lombada quadrada, 25
bromuro, 26
caderno, 26
calha, 27
caligrafia, 27
camada,, 28
canais, 28
capitular baixada, 29
capitular elevada, 29
capitular inicial, 30
caracteres especiais, 31
chamada, 32
citação, 33
classificação tipográfica, 34
clip art, 34
cmyk, 37
cobertura à base d'água, 31
colagem, 35
coluna, 35
composição fotográfica, 37
composição tipográfica, 36
composição, 36
comprimento de linha, 32
construtivismo, 38
contorno serrilhado/suavização de contorno serrilhado, 39
contorno, 38
contraforma, 39

contraste, 40
cor, 40
cores análogas, 41
cores complementares, 41
cores primárias, 42
cores secundárias, 42
cores terciárias, 43
corpo de texto, 43
correção da cor, 44
corte a laser, 44
croma, 44
cubismo, 45
curva de bézier, 45
dada, 46
de stijl, 46
dégradé, 47
descendente, 47
desenho da letra, 48
desenho vetorial, 48
design de embalagens, 49
design interativo, 49
dingbats, 50
disco cromático, 50
dobra paralela, 51
dobra sanfona, 51
egípcia, 52
encadernação de capa dura, 53
encadernação grampo a cavalo/lombada canoa, 53
encadernação, 52
entreletras, 54
entrelinhas, 54
equilíbrio, 55
escala de cinza, 56
escala, 55
escrever., 86
espaço branco, 56
espaço cromático, 56
espaço eme, 57
espaço ene, 57
espaço negativo, 58
espaço positivo, 58
faca especial/corte&vinco, 59
família tipográfica, 59
figura-fundo, 60
fluxo visual, 60
fonte, 61
fotomontagem, 61
futurismo, 62
grade,, 62
h&j, 64

hierarquia, 63
hífen, 64
hot stamping (estampa metálica a quente), 65
ícone, 65
identação, 66
identidade, 66
imposicionamento, 67
impressão sobreposta, 67
impressão tipográfica, 68
itálico, 69
kerning, 69
largura, 70
layout, 70
legenda,, 71
legibilidade, 71
leiturabilidade, 72
letra filetada, 72
letra gótica, 73
letras caudais, 73
ligadura,, 74
linha de base, 75
linha média, 76
linha, 74
linha/filete, 75
litografia offset, 77
litografia, 76
luminosidade, 77
luminosidade., 119
mala, 78
manchete, 78
mapa de bits, 79
marca, 79
marcador, 80
margem, 80
matiz, 81
meio corte, 81
meio quadratim/n, 82
meio tom, 82
metáfora, 83
miniatura, 84
modelo de cor, 84
modelo de cor., 56
modernismo, 85
moiré, 85
monocromático, 86
monoespaçada, 86
montagem, 86
multimídia, 87
oblíqua, 87
órfã, 88
página dupla, 88
página mestre, 89
paginação, 89

páginas espelhadas, 90
páginas finais, 91
páginas iniciais, 91
paica, 92
paleta de cores, 92
pictograma, 93
pixel, 93
ponto focal, 94
ponto/tamanho do ponto, 94
pós-modernismo, 95
prova, 95
quadratim/eme, 96
quadricromia, 96
quebra automática de linha, 97
quebra de linha, 97
recto/verso, 98
recto/verso., 121
registro, 98
relevo seco, 99
resma, 99
resolucão, 100
retícula, 100
rgb, 101
rios, 101
ritmo, 102
sangria, 103
saturação, 103
saturação., 44
serifas, 104
serigrafia, 104
símbolo, 105
simetria, 105
sistema de ajuste de cor, 106
sobrescrito, 106
subscrito, 107
subtítulo, 107
surrealismo, 108
tamanho da folha, 108
tamanho da folha., 108
tamanho do papel, 108
texto centralizado, 109
texto falso, 110
texto justificado, 110
textura, 111
tinta, 111
tipo condensado, 113
tipo de letra, 113
tipo em negativo/invertido, 114
tipo manuscrito, 114
tipo sem serifas, 115
tipo, 112
tipografia, 115
tipos para título, 116

tipos romanos, 116
título, 117
tracking, 117
trapping, 118
travessão eme, 118
travessão ene, 119
tudo em maiúsculas, 119

valor, 119
verniz uv, 121
verniz, 120
versaletes, 121
verso, 121
vitoriano, 122
viúva, 122

INGLÊS

accordion fold, 51
aliasing/anti-aliasing, 39
alignment, 15
all caps, 119
analogous colors, 41
animation, 18
apostrophe, 18
aqueous coating, 31
art deco, 19
art nouveau, 19
arts and crafts, 20
ascender, 20
asymmetry, 21
balance, 55
barrel fold, 51
baseline, 75
Bauhaus, 23
bézier curve, 45
binding, 52
bitmap, 79
blackletter, 73
bleed, 103
body copy, 43
bold/boldface, 24
border, 24
branding, 25
brightness, 77
bullet, 80
calligraphy, 27
callout, 32
cap height, 17
caption, 71
case binding, 53
centered type/text, 109
channels, 28
clip art, 34
CMYK, 37
collage, 35
color correction, 44

color model, 84
color palette, 92
color wheel, 50
color, 40
color-matching system, 106
column, 35
complementary colors, 41
composite, 37
composition, 36
condensed type, 113
constructivism, 38
contrast, 40
copyfitting, 14
counter, 39
cubism, 45
dada, 46
de stijl, 46
descender, 47
die cut, 59
dingbats, 50
display type, 116
dither, 100
drop capital/cap, 29
duotone, 23
egyptian, 52
em dash, 118
em space, 57
em, 96
emboss, 99
en dash, 119
en space, 57
en, 82
end matter, 91
expert set, 31
eye flow, 60
facing pages, 90
figure-ground, 60
flush-left/flush-right, 16
focal point, 94

foil stamping, 65
font, 61
for position only (fpo), 26
four-color process, 96
front matter, 91
futurism, 62
gradient, 47
grayscale, 56
greeking, 110
grid, 62
gutter, 27
H&J, 64
halftone, 82
heading, 117
headline, 78
hierarchy, 63
hue, 81
hyphen, 64
icon, 65
identity, 66
imposition, 67
indent, 66
initial capital/cap, 30
interaction design, 49
italic, 69
justified type/text, 110
kerning, 69
kiss die cut, 81
laser cut, 44
layer, 28
layout, 70
leading, 54
legibility, 71
letter spacing, 54
letterform, 48
letterpress, 68
ligature, 74
line break, 97
line length, 32
line, 74
lining numerals/figures, 14
lithography, 76
logo, 79
makeready, 78
margin, 80
master page, 89
mean line, 76
measure, 70
metaphor, 83
modernism, 85
moiré, 85
monochromatic, 86
monospaced, 86

multimedia, 87
negative space, 58
oblique, 87
offset lithography, 77
old-style numerals/figures, 15
orphan, 88
outline type, 72
overprinting, 67
packaging design, 49
pagination, 89
path, 38
perfect binding, 25
photomontage, 61
pica, 92
pictogram, 93
pixel, 93
point/point size, 94
positive space, 58
post-modernism, 95
primary colors, 42
proof, 95
pull quote, 33
quotation marks, 21
rag, 22
readability, 72
ream, 99
recto/verso, 98
registration, 98
resolution, 100
reverse/reverse out, 114
RGB, 101
rhythm, 102
rivers, 101
roman type, 116
rule, 75
saddle-stitch binding, 53
sans serif, 115
saturation, 103
scale, 55
screen printing, 104
script type, 114
secondary colors, 42
serif, 104
sheet sizes, 108
signature, 26
small capitals/caps, 121
spread, 88
standing capital/cap, 29
stock photography/images, 22
subhead, 107
subscript, 107
superscript, 106
surrealism, 108

swash characters, 73
symbol, 105
symmetry, 105
tertiary colors, 43
text wrapping, 97
texture, 111
thumbnail, 84
tint, 111
tracking, 117
trapping, 118
type classification, 34
type family, 59
type, 112
typeface, 113
typesetting, 36
typography, 115
ultraviolet coating, 121
varnish, 120
vector graphic, 48
victorian, 122
visual alignment, 16
white space, 56
widow, 122
x-height, 17

FRANCÊS

alignement visuel, 16
alignement, 15
animation, 18
apostrophe,, 18
approche de groupe, 117
art déco, 19
art nouveau, 19
arts & crafts, 20
ascendante, 20
asymétrie, 21
banque d'images, 22
Bauhaus, 23
blancs, 56
bordure, 24
C&J, 64
cadratin, 96
cahier, 26
calibrage, 14
calligraphie, 27
calque, 28
canaux, 28
caractères à chasse constante, 86
caractères au fil, 72
caractères de titre, 116
caractères étendus, 31
caractères romains, 116
caractères sans empattements, 115
caractères, 112
chapeau, 78
chemin, 38
chiffres arabes, 14
chiffres références, 32
chiffres suspendus, 15
circulation du regard, 60
classification typographique, 34
clipart, 34
CMJN, 37
collage, 35
colonne, 35
composition en alinéa, 66
composition typographique, 36
composition, 36
condensé, 113
constructivisme, 38
contraste, 40
contrepoinçon, 39
corps du texte, 43
corps, 94
correction des couleurs, 44
couleur de fond, 111
couleur, 40
couleurs analogues, 41
couleurs complémentaires, 41
couleurs primaires, 42
couleurs secondaires, 42
couleurs tertiaires, 43
courbe de bézier, 45
crayonnage, 84
crénage, 69
crénelage, anticrénelage, 39
cubisme, 45
cursive, 114
dada, 46
de stijl, 46
découpe au laser, 44
découpe par effleurement, 81
découpe, 59
dégradé, 47

demi-cadratin, 82
descendante, 47
design de packaging, 49
design numérique, 49
dessin d'une lettre, 48
dessin en grisé, 60
dingbats, 50
dorure, 65
double page, 88
drapeau, 22
échelle de gris, 56
échelle, 55
égyptienne, 52
empattement, 104
épreuves, 95
équilibre, 55
espace cadratin, 57
espace demi-cadratin, 57
espace négatif, 58
espace positif, 58
exergue, 33
exposant, 106
 famille de caractères, 59
faux texte, 110
fer à gauche, fer à droite, 16
filet, 75
fonds perdus, 103
fonte, 61
format de feuille, 108
futurisme, 62
gaufrage, 99
gothique, 73
gouttière, 27
grande capitale, 29
gras, caractères gras, 24
grille, 62
grossi-maigri, 118
guillemets, 21
hauteur d'x, 17
hauteur de capitale, 17
hiérarchie, 63
icône, 65
identité, 66
image composite, 37
image de placement, 26
image matricielle, 79
images vectorielles, 48
imposition, 67
impression typographique, 68
indice, 107
initiale, 30
interlettrage, 54
interlignage, 54

intertitre, 107
inversion, 114
italique, 69
légende, 71
lettre italique ornée, 73
lettrine, 29
lézardes, 101
ligature, 74
ligne de base, 75
ligne de tête, 76
ligne, 74
lisibilité, 71
lithographie offset, 77
lithographie, 76
logo, 79
longueur de ligne, 32
luminosité, 77
macule, 78
maquette, 70
marges, 80
mesure, 70
métaphore, 83
modèle colorimétrique, 84
modernisme, 85
moiré, 85
monochromatique, 86
multimédia, 87
oblique, 87
orpheline, 88
page type, 89
pages en regard, 90
pages liminaires, 91
pagination, 89
palette des couleurs, 92
parties annexes, 91
pelliculage aqueux, 31
petites capitales, 121
photomontage, 61
pictogramme, 93
piqûre métallique à cheval, 53
pixel, 93
pli accordéon, 51
pli roulé, 51
point central, 94
point pica, 92
police, 113
postmodernisme, 95
puce, 80
quadrichromie, 96
rame, 99
recto verso, 98
reliure cartonnée, 53
reliure sans couture, 25

reliure, 52
repérage, 98
résolution, 100
retour à la ligne automatique, 97
roue chromatique, 50
rvb, 101
rythme, 102
saturation, 103
saut de ligne, 97
sérigraphie, 104
simili deux tons, 23
simili, 82
stratégie de marque, 25
style victorien, 122
surimpression, 67
surréalisme, 108
symbole, 105

symétrie, 105
système d'assortiment des couleurs, 106
teinte, 81
texte centré, 109
texte justifié, 110
texture, 111
tiret cadratin, 118
tiret demi-cadratin, 119
titre, 117
tout en capitales, 119
trait d'union, 64
tramage aléatoire, 100
typographie, 115
vernis uv, 121
vernis, 120
veuve, 122

ALEMÃO

alias effekt, antialiasing, 39
analoge farben, 41
anführungsstriche, 21
anhang, 91
animation, 18
anstanzung, 81
antiqua, 116
apostroph, 18
art déco, 19
arts and crafts, 20
asymmetrie, 21
auflösung, 100
aufzählungspunkt, 80
ausschiessen, 67
auszeichnungsschrift, 116
axialität, 15
balance (ausgewogenheit), 55
Bauhaus, 23
beschnitt, 103
bézierkurve, 45
bildmontage (composing), 37
bildunterschrift, 71
bildzeichen, 65
bitmap, 79
blickpfadbewegung, 60
blindtext, 110
blocksatz, 110
bogengrößen, 108
bogenmontage, 26

bucheinband, 53
clipart, 34
CMYK, 37
dadaismus, 46
daumennagelskizze, 84
de stijl, 46
dicktengleich, 86
dingbats, 50
dithering, 100
divis, 119
doppelseiten, 90
drahtheftung, 53
druckeinrichtung, 78
drucklack, 31
duplex, 23
durchschuss (zeilenabstand), 54
ebene, 28
egyptienne, 52
einband, 52
expertensatz, 31
farbe, 40
farbkanäle, 28
farbkennzeichnungssystem, 106
farbkorrektur, 44
farbkreis, 50
farbmodell, 84
farbpalette, 92
farbton, 81
fett (schriften), 24

firmenerscheinungsbild, 66
flattersatz, 22
fliesstext, 43
fokus, 94
folienprägung, 65
formflächengestaltung, 60
fotomontage, 61
fraktur (schriften), 73
freie fläche, 58
futurismus, 62
gestaltete fläche, 58
geviert, 96
geviertabstand, 57
geviertstrich, 118
giessbächlein, 101
graustufenbild, 56
grössenverhältnis, 55
grundlinie (schriftlinie), 75
halbgeviert, 82
halbgeviertabstand, 57
halbton, 82
hängende initiale, 29
hervorgehobenes zitat, 33
hierarchie, 63
hinweis, 32
hochdruck, 68
hochgestellte schriftzeichen, 106
initiale, 30
interaktives design, 49
jugendstil, 19
kalligraphie, 27
kapitälchen, 121
klebebindung, 25
kollage, 35
komplementärfarben, 41
komposition, 36
konstruktivismus, 38
kontrast, 40
konturschrift, 72
korrekturabzug, 95
kubismus, 45
kursiv, 69
lackierung, 120
laserschnitt, 44
layout, 70
leporello, 51
lesbarkeit, 72
leserlichkeit, 71
leuchtdichte, 77
ligatur, 74
linie, 75
liniengestaltung, 74
linksbündig, rechtsbündig, 16

lithografie, 76
logo, 79
majuskelziffern, 14
markenbildung, 25
mediävalziffern, 15
metapher, 83
mittelachssatz, 109
moderne, 85
moiré-effekt, 85
monochromatisch (einfarbig), 86
multimedia, 87
musterseite, 89
negative schrift, 114
oberlänge, 20
offsetdruck, 77
optische ausrichtung, 16
paginierung, 89
pfad, 38
pica, 92
piktogramm, 93
pixel (bildpunkt), 93
platzhalter, 26
postmoderne, 95
prägung, 99
primärfarben, 42
punkt/punktgrösse, 94
punze, 39
rahmen, 24
raster (satzspiegel), 62
rechte/linke seite, 98
registerhaltigkeit, 98
RGB, 101
rhythmus, 102
ries, 99
sättigung, 103
satzbreite, 70
satzspalte, 35
schlagzeile, 78
schmale schrift, 113
schräg, 87
schreibschrift, 114
schrift, 112
schriftcharakter, 48
schriftfamilie, 59
schriftklassifikation, 34
schriftsatz, 61
schrifttype, 113
schusterjunge, 88
seitenrand, 80
sekundärfarben, 42
serife, 104
serifenlos, 115
setzen, 36

siebdruck, 104
silbentrennung & blocksatz (s&b), 64
spaltenabstand, 27
spationieren, 54
sperren, 117
stanzschnitt, 59
stehende initiale, 29
stock fotos (bildarchiv), 22
struktur, 111
surrealismus, 108
symbol, 105
symmetrie, 105
tertiärfarben, 43
texteinpassung, 14
textumbruch, 97
tiefgestellte schriftzeichen, 107
titelei, 91
tönung, 111
trennstrich, 64
typografie, 115
überdrucken, 67
überfüllung, 118
überschrift, 117
unterlänge, 47
unterschneiden, 69
untertitel, 107
uv-lack, 121
vektorgrafik, 48
verlauf, 47
verpackungsdesign, 49
versalhöhe, 17
versalien, 119
vierfarbdruck, 96
viktorianischer stil, 122
weissraum, 56
wickelfalz, 51
witwe, 122
x-höhe, 17
x-linie (mittellinie), 76
zeileneinzug, 66
zeilenlänge, 32
zeilenumbruch, 97
zierbuchstaben, 73

ITALIANO

adesivo con fustella, 81
aggiustamento del testo, 14
aliasing/anti-aliasing, 39
allineamento a sinistra eallineamento a destra, 16
allineamento visivo, 16
allineamento, 15
altezza della maiuscola, 17
altezza della x, 17
animazione/i, 18
apice/i, 106
apostrofo, 18
art déco, 19
art nouveau, 19
arts and crafts, 20
asimmetria, 21
avviamento macchina, 78
banca immagini, 22
bandiera, 22
Bauhaus, 23
bicromia, 23
bilanciamento, 55
bitmap, 79
blackletter, 73
bordo/i, 24
bozza/e, 95
branding, 25
calligrafia, 27
callout, 32
canaletti, 101
canali, 28
capolettera, 29
carattere/i, 113
caratteri con grazie, 104
caratteri condensati, 113
caratteri contornati, 72
caratteri di visualizzazione, 116
caratteri egiziani, 52
caratteri informali, 114
caratteri oblique, 87
caratteri roman, 116
caratteri senza grazie, 115
caratteri swash, 73
cartonatura, 53
citazione esterna, 33
classificazione dei caratteri, 34
clip art, 34
CMYK, 37
collage, 35

colonne, 35
colore/i, 40
colori analoghi, 41
colori complementari, 41
colori primari, 42
colori secondari, 42
colori terziari, 43
composite, 37
composizione tipografica, 36
composizione, 36
contrasto, 40
corpo del testo, 43
correzione dei colori, 44
corsivo, 69
costruttivismo, 38
crenatura, 69
cubismo, 45
curva di bézier, 45
dada, 46
de stijl, 46
design interattivo, 49
didascalia, 71
dingbats, 50
effetto moiré, 85
em, 96
en, 82
expert set, 31
famiglia di caratteri, 59
figura-sfondo, 60
filetto tipografico, 75
finitura a ultravioletti, 121
flusso visivo, 60
font, 61
for position only (fpo), 26
formati dei fogli, 108
fotomontaggio, 61
fustella, 59
futurismo, 62
gerarchia tipografica, 63
giustezza, 70
glifo/i, 48
goffratura, 99
gradiente/i, 47
graffettatura, 53
grafica vettoriale, 48
grassetto, 24
griglia, 62
H&J, 64
icona, 65
identità, 66
impaginazione, 89
imposizione tipografica, 67
interlinea, 54

interruzione di linea, 97
invio a capo automatico, 97
layout, 70
legatura, 74
leggibilità, 71
lettera maiuscola iniziale, 30
linea di base, 75
linea mediana, 76
linea/e, 74
lineetta em, 118
lineetta en, 119
litografia offset, 77
litografia, 76
livello, 28
logo, 79
luminosità, 77
lunghezza di riga, 32
maiuscoletti, 121
margine interno, 27
margine/i, 80
metafora, 83
mezzitoni, 82
modello di colore, 84
modernismo, 85
monocromatico, 86
monospazio, 86
multimedia, 87
numeri e lettere di, 14
numeri e lettere in stile antico, 15
occhiello, 39
orfano, 88
packaging design, 49
pagina mastro, 89
pagine affiancate, 90
pagine finali, 91
pagine iniziali, 91
palette di colori, 92
pedice/i, 107
percorso/i, 38
pica, 92
pieghevole a fisarmonica, 51
pieghevole a portafoglio, 51
pittogramma, 93
pixel, 93
post-modernismo, 95
processo a quattro colori, 96
punto elenco, 80
punto focale, 94
punto/i/dimensioni del punto, 94
recto/verso, 98
registro, 98
retino, 100
reverse/reverse out, 114

RGB, 101
rientro, 66
rilegatura perfetta, 25
rilegatura, 52
rilievografia, 68
risma, 99
risoluzione, 100
ritmo, 102
rivestimento ad acqua, 31
ruota dei colori, 50
saturazione, 103
scala dei grigi, 56
scala, 55
segnatura, 26
sequenza di caratteri, 112
serigrafia, 104
simbolo, 105
simmetria, 105
sistema di combinazione dei colori, 106
sottotitolo, 107
sovrastampa, 67
spazio bianco, 56
spazio em, 57
spazio en, 57
spazio lettera, 54
spazio negativo, 58

spazio positivo, 58
stampa a lamina di plastica, 65
stampa al vivo, 103
standing cap, 29
stile vittoriano, 122
surrealismo, 108
taglio al laser, 44
testatina, 117
testo/caratteri centrati, 109
testo/caratteri giustificati, 110
texture, 111
thumbnail, 84
tinta, 111
tipografia, 115
titolo, 78
tonalità, 81
tracking, 117
trapping, 118
trattino, 64
tratto ascendente, 20
tratto discendente, 47
tutte maiuscole, 119
vedova, 122
vernice, 120
virgolette, 21

ESPANHOL

ajuste de texto, 97
ajuste del original, 14
alineación visual, 16
alineación, 15
all caps, 119
altura de las mayúsculas, 17
altura x, 17
ancho, 70
animación, 18
apóstrofo, 18
arreglo, 78
art decó, 19
art nouveau, 19
arts crafts, 20
ascendente, 20
asimetría, 21
banco de imágenes y fotografías, 22
bandera a la izquierda/banderaa la derecha, 16
bandera, 22
barniz, 120

Bauhaus, 23
bitono, 23
bolo, 80
borde, 24
branding, 25
brillo, 77
caligrafía, 27
calle, 101
canal, 28
capa, 28
capitular, 29
clasificación tipográfica, 34
clip art, 34
CMYK, 37
collage, 35
color, 40
colores análogos, 41
colores complementarios, 41
colores primarios, 42
colores secundarios, 42

colores terciarios, 43
columna, 35
comillas, 21
composición tipográfica, 36
composición, 36
construtivismo, 38
contraforma, 39
contraste, 40
corrección de color, 44
corte láser, 44
cuadratín, 96
cuadrícula, 62
cuatricromía, 96
cubismo, 45
cuerpo de texto, 43
cursiva, 69
curva de bézier, 45
dada, 46
de stijl, 46
degradado, 47
descendente, 47
difuminado, 100
dingbats, 50
diseño de embalaje, 49
diseño interactivo, 49
doblado tipo rollo, 51
doble página, 88
egipcio, 52
encuadernación a caballete, 53
encuadernación a la americana, 25
encuadernación em tapa dura, 53
encuadernación, 52
equilibrio, 55
escala de grises, 56
espacio blanco, 56
espacio de cuadratín, 57
espacio de medio quadratín, 57
espacio negativo, 58
espacio positivo, 58
estampado metálico, 65
familia tipográfica, 59
filete, 75
fotocomposición, 37
fotomontaje, 61
fpo (sólo para refererencia de posición), 26
fuente, 61
futurismo, 62
gofrar, 99
gráfico vectorial, 48
greeking, 110
guión, 64
h&j, 64
huérfana, 88

icono, 65
identidad, 66
imposición, 67
impresión tipográfica, 68
imprimir "a sangre", 103
interletraje, 54
interlineado, 54
jerarquía, 63
justificación, 110
kerning, 69
legibilidad tipográfica, 71
legibilidade lingüística, 72
letra condensada, 113
letra de fantasía, 73
letra gótica, 73
letra perfilada, 72
letra, 48
ligadura, 74
línea de base, 75
línea de orientación, 60
línea media, 76
línea, 74
litografía offset, 77
litografía, 76
llamada, 32
logo, 79
longitud de línea, 32
mapa de bits, 79
maquetación, 70
margen, 80
matiz, 81
mayúscula caída, 29
mayúscula inicial, 30
medianil, 27
medio cuadratín, 82
medio tono, 82
metáfora, 83
miniatura, 84
moaré, 85
modelo de color, 84
modernismo, 85
monocromático, 86
monoespaciada, 86
multimedia, 87
negrita, 24
número de caja alta, 14
números elzevirianos, 15
oblicua, 87
página maestra, 89
paginación, 89
páginas enfrentadas, 90
páginas finales, 91
páginas preliminares, 91

paleta de colores, 92
palo seco, 115
pica, 92
pictograma, 93
pie de foto, 71
píxel, 93
plegado en acordeón, 51
pliego, 26
postmodernismo, 95
prueba, 95
punto focal, 94
punto/tamaño de punto, 94
raya, 118
recto/verso, 98
redonda, 116
registro, 98
relación figura-fondo forma/contraforma, 60
resma, 99
resolución, 100
reventado, 118
revestimento acuoso, 31
revestimiento ultravioleta, 121
rgb, 101
ritmo, 102
rueda de colores, 50
salto de línea, 97
sangría, 66
saturación, 103
scrip type, 114
semirraya, 119
serifa, 104

serigrafía, 104
set experto, 31
símbolo, 105
simetría, 105
sistema de ajuste del color, 106
sobreimpresión, 67
solapamiento/antisolapamiento, 39
subíndice, 107
subtítulo, 107
sumario, 33
superíndice, 106
surrealismo, 108
tamaño de hoja, 108
texto o tipo centrado, 109
textura, 111
tinte, 111
tipo de letra, 113
tipo en negativo, 114
tipo titular, 116
tipo, 112
tipografía, 115
titular, 78
título, 117
tracking, 117
trazado, 38
troquelado de medio corte, 81
troquelado, 59
versalita, 121
victoriano, 122
viuda, 122